스마트한 생활을 위한

엑셀 2010 활용

이 책의 구성

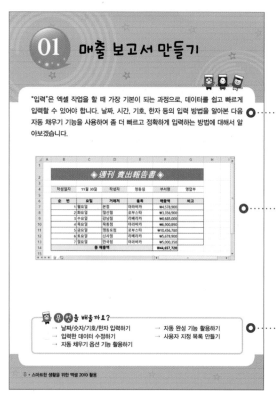

⭐ 들어가기

각 장마다 배우게 될 내용을 설명합니다.

⭐ 미리보기

각 장마다 배우게 되는 예제의 완성된 모습을
미리 확인할 수 있습니다.

⭐ 무엇을 배울까요?

본문에서 어떤 기능들을 배울지 간략하게 살펴
봅니다.

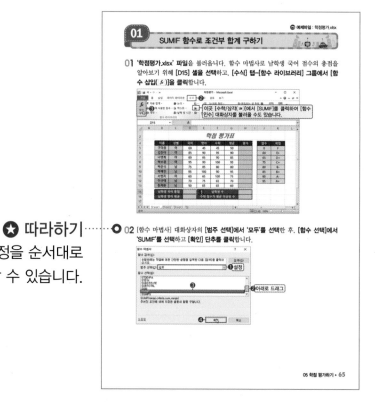

⭐ 따라하기

예제를 만드는 과정을 순서대로
따라하면서 쉽게 기능을 습득할 수 있습니다.

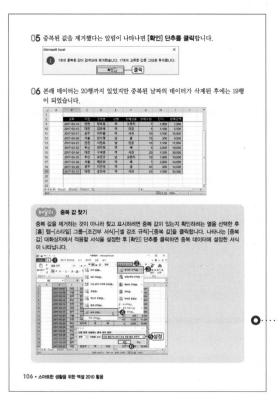

○······ ☆ 배움터
본문에서 다루지 못한 내용이나 알아두어야 할
사항들을 추가적으로 설명합니다.

☆ 디딤돌 학습 ······
각 장마다 배운 내용을 토대로 한 번 더
복습할 수 있도록 응용된 문제를 제공합니다.
혼자 연습해봄으로써 실력을 다질 수 있습니다.

☆ 도움터 ······
혼자 연습해 볼 수 있도록
필요한 정보 또는 방법을 지원합니다.

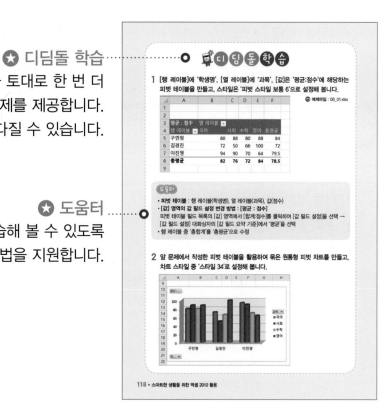

목 차

10장 | 명함 만들기

01 매출 보고서 만들기

"입력"은 엑셀 작업을 할 때 가장 기본이 되는 과정으로, 데이터를 쉽고 빠르게 입력할 수 있어야 합니다. 날짜, 시간, 기호, 한자 등의 입력 방법을 알아본 다음 자동 채우기 기능을 사용하여 좀 더 빠르고 정확하게 입력하는 방법에 대해서 알아보겠습니다.

	A	B	C	D	E	F	G	H	I
1									
2				◈週刊 賣出報告書◈					
3									
4		작성일자	11월 30일	작성자	정동임	부서명	영업부		
5									
6		순 번	요일	거래처	품목	매출액	비고		
7		1	월요일	본점	아라비카	₩4,578,900			
8		2	화요일	일산점	로부스타	₩3,356,900			
9		3	수요일	강남점	리베리카	₩8,685,000			
10		4	목요일	목동점	아라비카	₩6,900,890			
11		5	금요일	영등포점	로부스타	₩10,456,780			
12		6	토요일	신사점	리베리카	₩5,678,900			
13		7	일요일	안국점	아라비카	₩5,000,350			
14		총 매출액				₩44,657,720			
15									

 무엇을 배울까요?

⋯ 날짜/숫자/기호/한자 입력하기　　　⋯ 자동 완성 기능 활용하기
⋯ 입력한 데이터 수정하기　　　⋯ 사용자 지정 목록 만들기
⋯ 자동 채우기 옵션 기능 활용하기

엑셀의 화면 구성 살펴보기

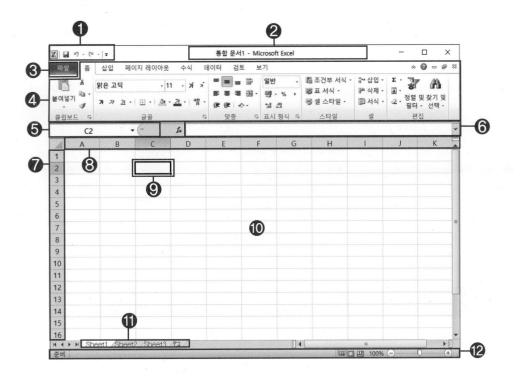

❶ **빠른 실행 도구 모음** : 자주 사용하는 도구를 빠르게 실행할 수 있게 모아놓은 곳입니다.

❷ **제목 표시줄** : 현재 작업 중인 문서의 제목을 표시합니다.

❸ **[파일] 탭** : 새 파일 만들기, 기존 파일 열기, 저장하기, 인쇄, Excel 옵션 등의 기능들을 실행합니다.

❹ **리본 메뉴** : 명령을 빠르게 찾을 수 있도록 제공하는 도구 모음 집합으로, 관련 있는 것끼리 묶어 표시합니다.

❺ **이름 상자** : 작업 중인 셀의 주소나 이름을 표시합니다.

❻ **수식 입력줄** : 현재 선택한 셀에 입력된 내용을 표시합니다.

❼ **행 머리글** : 워크시트의 행을 구분하기 위해 1~1,048,576까지의 숫자로 표시합니다.

❽ **열 머리글** : 워크시트의 열을 구분하기 위해 A~XFD까지의 문자로 표시합니다.

❾ **셀 포인터** : 현재 선택한 셀을 표시합니다.

❿ **워크시트** : 셀들로 구성된 작업 공간입니다.

⓫ **시트 탭** : 워크시트의 이름이 표시되는 곳으로, 기본적으로 3개의 워크시트가 제공되지만 추가하거나 삭제할 수 있습니다.

⓬ **상태 표시줄** : 현재 작업 상태(준비, 입력, 편집 등) 및 수식을 작성하지 않아도 계산 및 개수 표시 영역을 통해 결과를 확인할 수 있습니다. 또한 보기(기본, 페이지 레이아웃, 페이지 나누기 미리 보기 등) 및 화면 확대/축소 비율을 조정할 수도 있습니다.

02 문자, 날짜, 숫자 입력하기

01 엑셀 프로그램을 실행한 후, [파일] 탭-[열기]를 선택하여 '매출보고서.xlsx' 파일을 불러옵니다.

02 [E4] 셀을 선택하여 '정동임'을 입력한 후, [G4] 셀을 선택하여 '영업부'를 입력합니다.

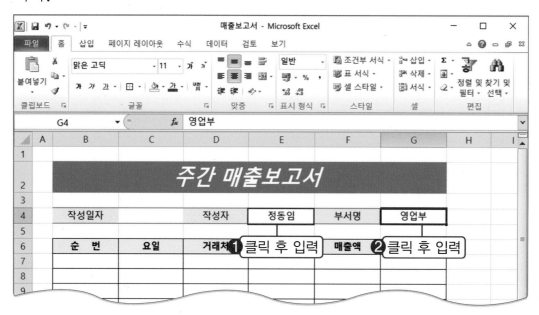

03 [C4] 셀을 선택하여 '11/30'을 입력한 후 Enter 키를 누릅니다.

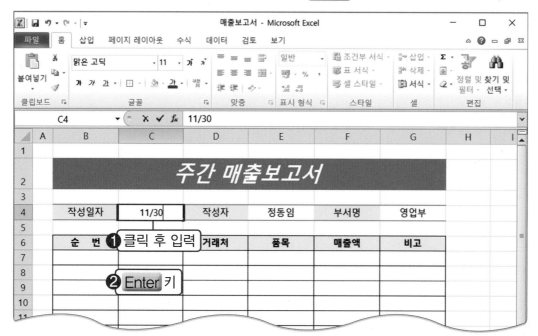

배움터 날짜를 입력할 때는 '년, 월, 일' 사이에 '/'나 '−'로 구분하여 입력하고, 시간을 입력할 때는 '시와 분' 사이에 ':'로 구분하여 입력합니다.

04 그림과 같이 [C4] 셀에 "11월 30일"로 입력된 것을 확인할 수 있습니다.

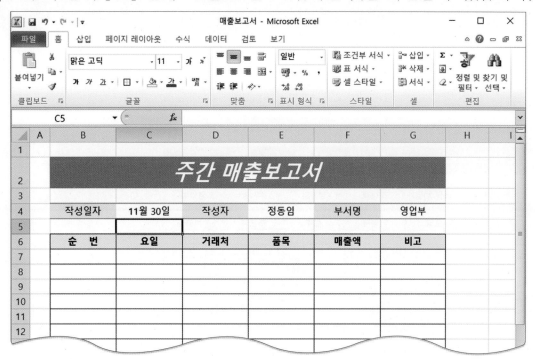

05 그림과 같이 [D7:D13] 셀에 거래처 데이터를 입력합니다.

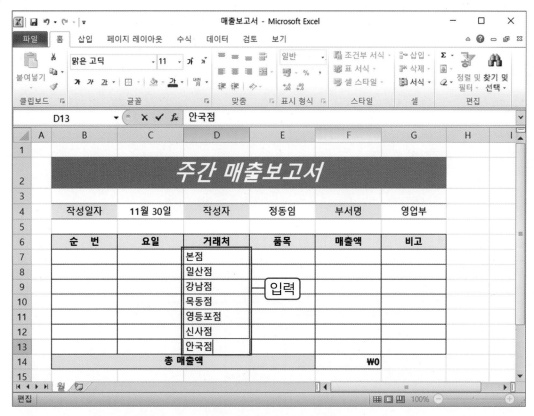

배움터 데이터를 입력한 후 Enter 키를 누르면 셀 포인터가 아래로 이동하고, Tab 키를 누르면 옆으로 이동합니다. 수식 입력줄 옆의 ✔(입력)을 클릭하면 셀 포인터 위치는 이동되지 않습니다.

06 [F7] 셀을 선택하여 '4578900'을 입력한 후 **Enter** 키를 누릅니다.

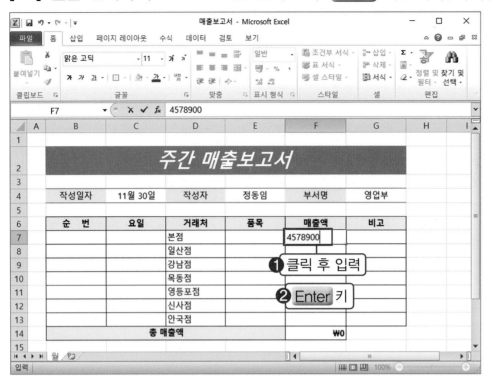

07 데이터를 수정하기 위해 [F7] 셀을 더블 클릭하여 커서가 깜박이면 **숫자 맨 앞으로 커서를 이동**합니다.

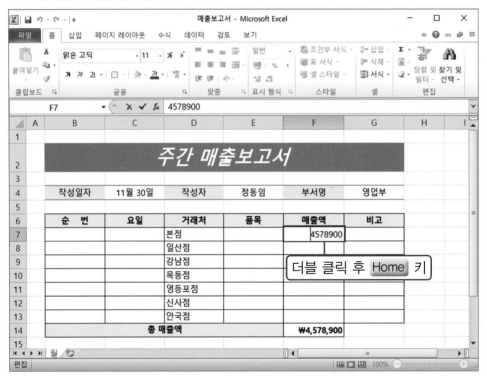

> **배움터** 수정할 셀을 선택하고, **F2** 키를 누르거나 더블 클릭하면 커서가 깜박이는 수정 상태가 됩니다. 이때 수정할 내용을 **Delete** 키 또는 **Back Space** 키를 눌러 지운 다음 고쳐 씁니다.

08 숫자 맨 앞에 **'₩'를 입력**한 후 Enter 키를 누릅니다.

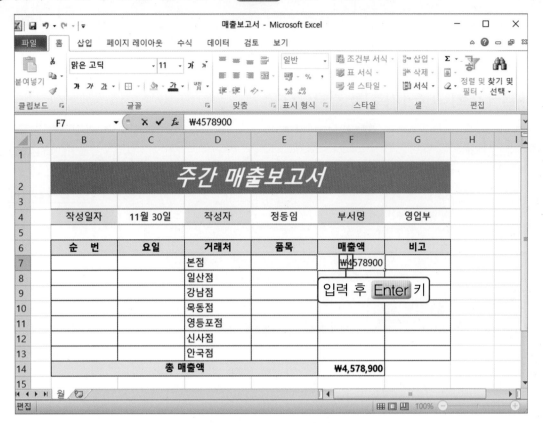

09 [F7] 셀의 숫자 데이터가 쉼표 스타일을 포함한 통화 표시 형식으로 변경됩니다. 위와 **같은 방법으로** [F8:F13] 셀에 매출액을 입력합니다.

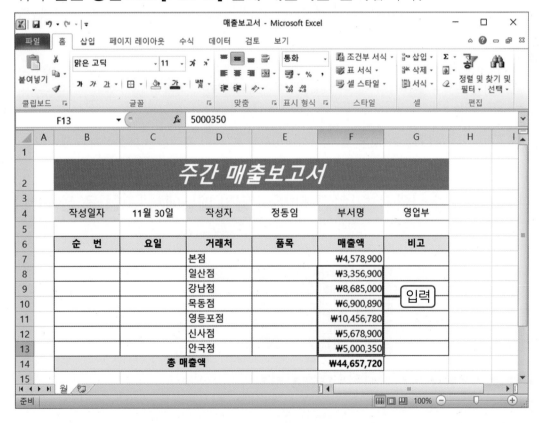

03 기호, 한자 입력하기

01 [B2] 셀을 더블 클릭하여 수정(편집) 상태가 되면 **커서를 맨 앞으로 이동**하고, **[삽입] 탭–[기호] 그룹–[기호]**를 클릭합니다.

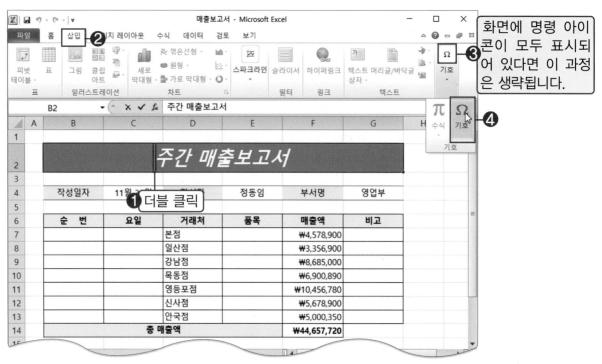

화면에 명령 아이콘이 모두 표시되어 있다면 이 과정은 생략됩니다.

배움터 창의 크기 또는 해상도에 따라 리본 메뉴에 표시되는 아이콘의 모습이 달라질 수 있습니다.

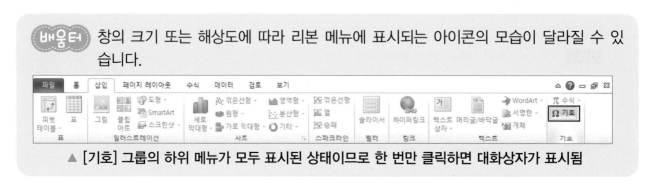

▲ [기호] 그룹의 하위 메뉴가 모두 표시된 상태이므로 한 번만 클릭하면 대화상자가 표시됨

---

02 [기호] 대화상자가 나타나면 **[하위 집합]의 펼침 메뉴에서 [도형]을 선택**합니다.

03 삽입할 **기호를 선택**하고, **[삽입]** 단추를 **클릭**한 후 **[닫기]** 단추를 **클릭**합니다.

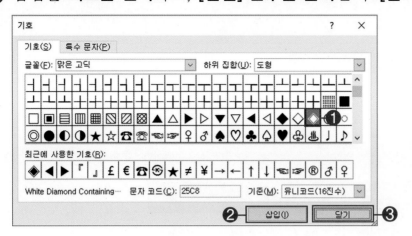

04 선택한 기호가 삽입된 것을 확인한 후 '주간 매출보고서'의 **뒷부분에도 기호를 삽입**합니다.

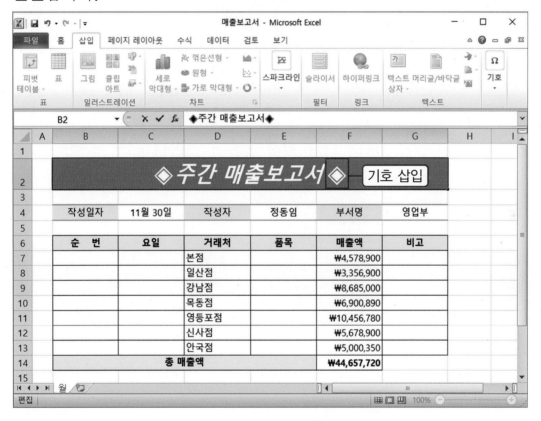

05 한자로 변환하기 위해 **[B2] 셀을 더블 클릭**한 후 **커서를 '주간' 앞으로 이동**하고 **한자** 키를 누릅니다.

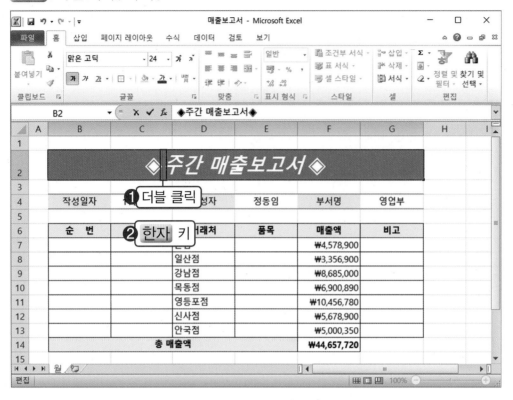

06 [한글/한자 변환] 대화상자에 여러 개의 한자가 나타나면 그 중 **알맞은 한자를 선택**하고, [입력 형태]에서 **'漢字'를 선택**한 후 **[변환] 단추**를 클릭합니다.

> **배움터** 단어로 제시된 한자를 한글자씩 선택하려면 [한글/한자 변환] 대화상자에서 [한글자씩] 단추를 클릭합니다. 원하는 한자를 한 글자씩 선택할 수 있습니다.

07 '주간'이 "週刊"으로 입력된 것을 확인한 후 **'매출보고서' 앞으로 커서를 이동**하고 다시 **한자** 키를 누릅니다.

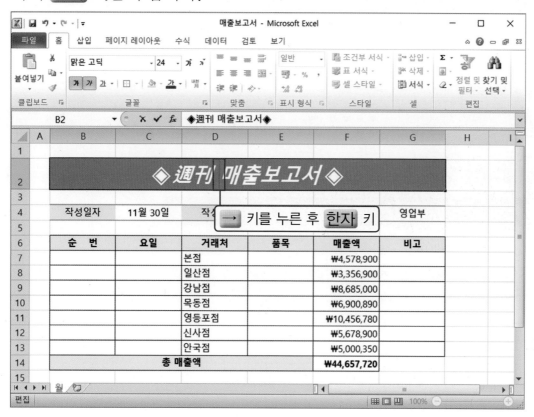

08 [한글/한자 변환] 대화상자에서 '매출'에 해당하는 바꿀 **한자를 선택**하고 **[변환] 단 추를 클릭**하면 '보고서'에 해당하는 바꿀 한자가 연달아 나타납니다. 바꿀 **한자를 선택**한 후 **[변환] 단추를 클릭**합니다.

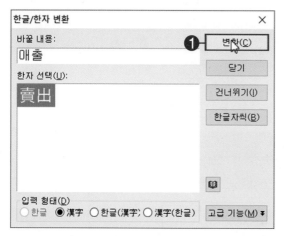 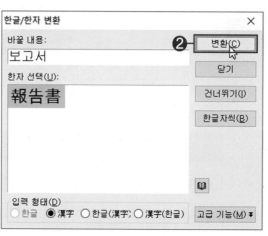

09 '매출보고서'가 "賣出報告書"로 변환된 것을 확인할 수 있습니다.

데이터 자동 채우기와 사용자 지정 목록 만들기

01 [B7] 셀에 '1'을 입력한 후 채우기 핸들(➕)을 아래로 [B13] 셀까지 드래그합니다.

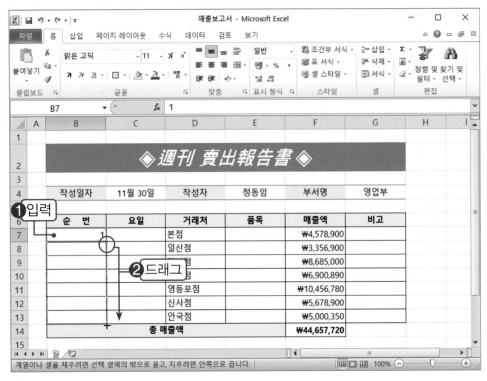

02 그림과 같이 동일한 데이터가 복사되어 입력됩니다. 연속 데이터를 입력하려면 **[자동 채우기 옵션(🖿)]**을 클릭하여 **[연속 데이터 채우기]**를 선택합니다.

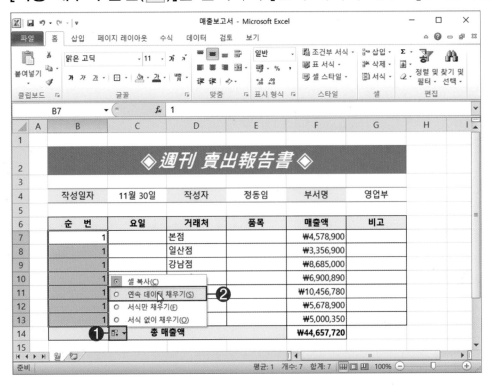

03 [C7] 셀에 '월요일'이라고 입력하고, 채우기 핸들(╋)을 아래로 [C13] 셀까지 드래 그하면 요일 데이터가 차례로 입력되는 것을 확인할 수 있습니다.

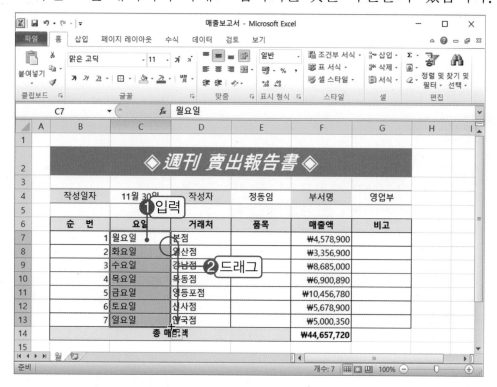

 엑셀에서 [자동 채우기 옵션(🗐)] 기능은 자동으로 데이터를 채워 주는 기능으로, 엑셀의 사용자 지정 목록에 미리 월, 분기, 요일 등이 미리 지정되어 있어서 자동으로 채워 줄 수 있습니다. 사용자가 임의대로 원하는 목록을 추가하여 채울 수도 있습니다.

04 사용자 지정 목록으로 자동 채우기 기능을 사용하기 위해 **[파일] 탭-[옵션]을 클릭** 합니다.

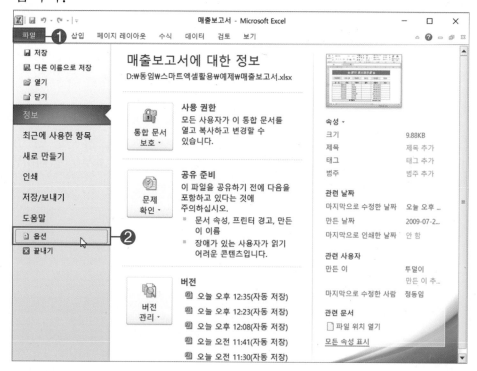

05 [Excel 옵션] 대화상자가 나타나면 **[고급]**을 **클릭**한 후 이동 막대를 아래로 드래 그하여 **[사용자 지정 목록 편집]** 단추를 **클릭**합니다.

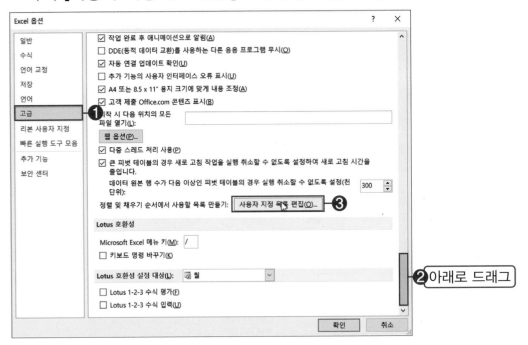

06 새로운 항목을 만들기 위해 [목록 항목]에 **'아라비카'를 입력**하고 **Enter** 키를 누릅니다. 계속해서 **'로부스타'를 입력**한 후 **Enter** 키를 누르고 **'리베리카'**라고 입력합니다. **[추가]** 단추를 **클릭**하여 항목을 추가하고 **[확인]** 단추를 **클릭**합니다.

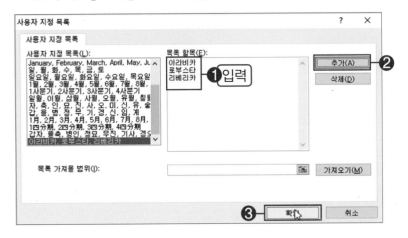

배움터 엑셀에서는 자동 완성 기능이 있어서 이미 입력한 내용과 같은 첫 글자를 입력하면 나머지 글자를 자동으로 완성하여 입력할 수 있습니다.

07 고급 옵션 지정이 끝나면 [확인] 단추를 클릭합니다.

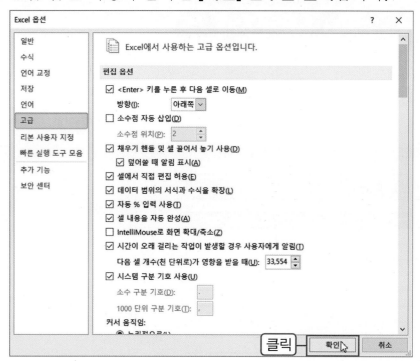

08 [E7] 셀에 '아라비카'를 입력하고, 채우기 핸들(⊕)을 [E13] 셀까지 드래그하면 새로 만든 사용자 지정 항목이 입력되는 것을 확인할 수 있습니다.

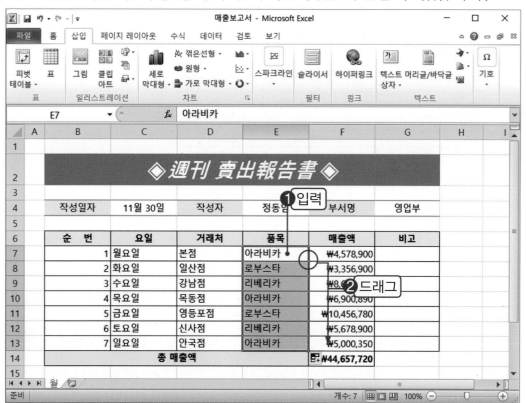

배움터 입력한 데이터 위에서 Alt + ↓ 키를 누르면 이미 입력한 데이터 목록이 나타납니다. 여기서 원하는 데이터를 선택하여 입력할 수도 있습니다.

안국점	아라비카
총 매출액	로부스타
	리베리카
	아라비카

1 [B2] 셀에 입력된 '강원도 유형 문화재'를 다음과 같이 한자로 변경해 봅니다.

📁 예제파일 : 01_01.xlsx

	A	B	C	D	E	F
1						
2		江原道 有形 文化財				
3						
4		번호	지정일	명칭	소재지	
5				강릉 심상진가옥		
6				동해 심상열가옥		
7				정선 이종후가옥		
8				양양 김택준가옥		
9				강릉 최대석가옥		
10				동해 김형기가옥		
11				정선 고학규가옥		
12				양양 이두형가옥		
13						

2 자동 채우기 기능을 사용하여 '번호'와 '지정일'의 데이터를 입력하고, '소재지'는 사용자 지정 목록(강릉시, 동해시, 정선군, 양양군)을 추가하여 데이터를 입력해 봅니다.

	A	B	C	D	E	F
1						
2		江原道 有形 文化財				
3						
4		번호	지정일	명칭	소재지	
5		k-01	1985	강릉 심상진가옥	강릉시	
6		k-02	1985	동해 심상열가옥	동해시	
7		k-03	1985	정선 이종후가옥	정선군	
8		k-04	1985	양양 김택준가옥	양양군	
9		k-05	1985	강릉 최대석가옥	강릉시	
10		k-06	1985	동해 김형기가옥	동해시	
11		k-07	1985	정선 고학규가옥	정선군	
12		k-08	1985	양양 이두형가옥	양양군	
13						

> **도움터** **연속 데이터 입력** : 문자와 숫자가 혼용된 데이터의 경우에는 채우기 핸들(➕) 만 드래그하고, 숫자만 입력된 경우에는 채우기 핸들과 함께 Ctrl 키를 누른 채 드래그합니다.

02 달력 만들기

엑셀의 대표 기능인 수식, 셀 참조, 함수에 대해서 이해하고 사용할 수 있습니다. 달력에 필요한 날짜 관련 함수를 사용하여 오늘 날짜에 맞게 자동으로 변경되는 달력을 만들어 보겠습니다. 셀 스타일을 사용하여 쉽고 빠르게 셀 서식을 설정하는 방법도 알아보겠습니다.

	A	B	C	D	E	F	G	H	I
1									
2		연도	월						
3		2017	6						
4		일	월	화	수	목	금	토	
5		28	29	30	31	1	2	3	
6		4	5	6	7	8	9	10	
7		11	12	13	14	15	16	17	
8		18	19	20	21	22	23	24	
9		25	26	27	28	29	30	1	
10		2	3	4	5	6	7	8	
11									
12									

Sheet1 / Sheet2 / Sheet3

 무엇을 배울까요?

⋯ 테두리 지정하기
⋯ 셀 스타일 지정하기
⋯ 수식/셀 참조/함수 이해하기

⋯ TODAY, YEAR, MONTH, DATE, WEEKDAY 함수 사용하기
⋯ 조건부 서식 지정하기

셀 서식 설정하기

01 엑셀 2010을 실행하면 새 문서가 열립니다.

02 [B] 열부터 [H] 열의 열머리글을 선택한 후 **마우스 오른쪽 단추를 클릭**합니다. 바
로 가기 메뉴의 **[열 너비]를 선택**한 후, [열 너비] 대화상자가 나타나면 **[열 너비]**
를 '**10.25**'라고 **입력**하고 **[확인] 단추를 클릭**합니다. 열 너비가 조정됩니다.

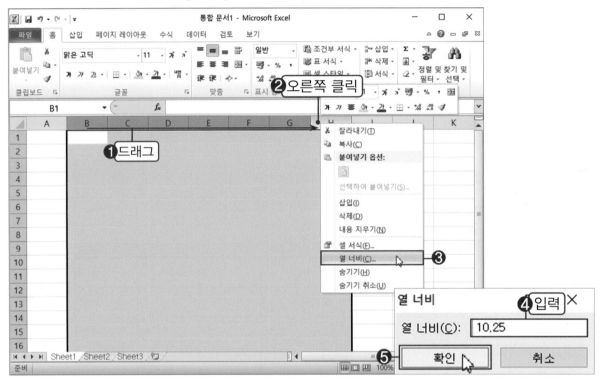

03 [5] 행부터 [10] 행의 행머리글을 선택한 후 **마우스 오른쪽 단추를 클릭**합니다.
바로 가기 메뉴의 **[행 높이]를 선택**한 후, [행 높이] 대화상자가 나타나면 **[행 높이]**
를 '**30**'이라고 **입력**하고 **[확인] 단추를 클릭**합니다. 행 높이가 조정됩니다.

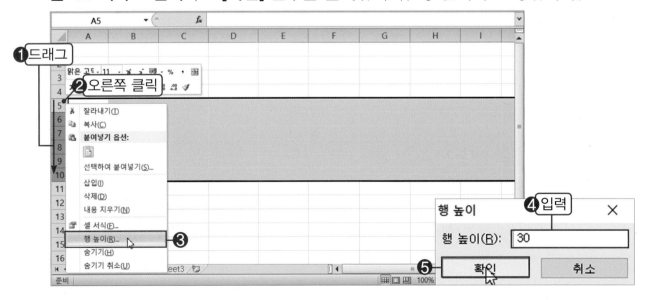

04 [B2] 셀에는 '연도', [C2] 셀에는 '월'이라고 입력합니다.

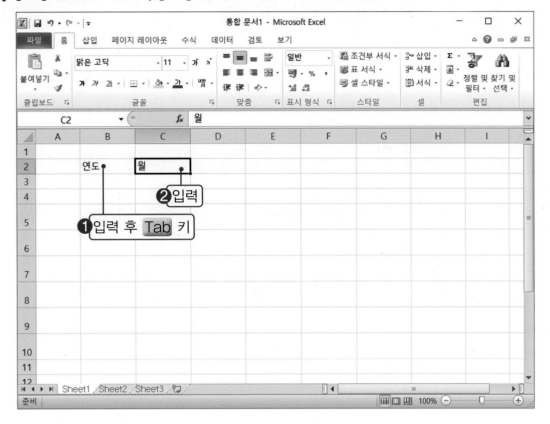

05 [B4] 셀에 '일'을 입력하고 채우기 핸들(⊞)을 [H4] 셀까지 드래그합니다. 요일
이 자동으로 채워집니다.

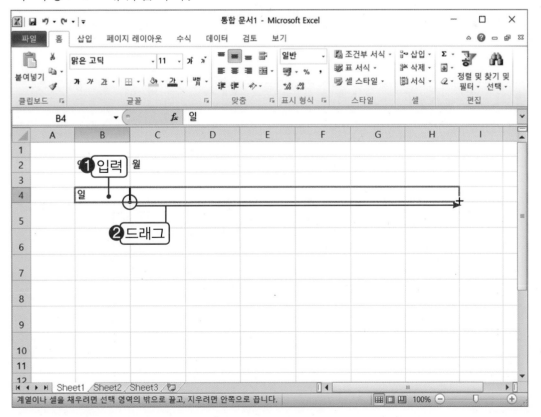

06 [B2:H4] 셀을 드래그하여 범위를 지정한 후 [홈] 탭-[맞춤] 그룹-[가운데 맞춤 (를)]을 클릭하여 가운데 정렬합니다.

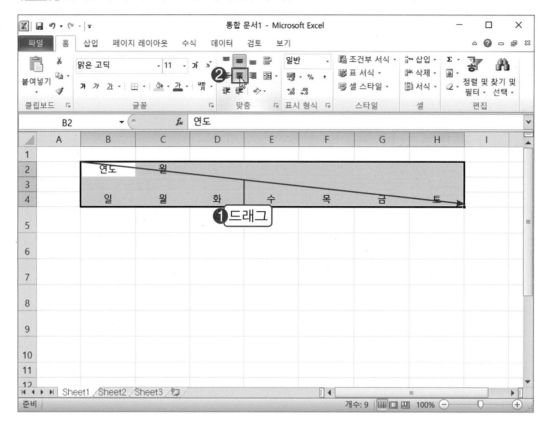

07 [B4:H10] 셀을 드래그하여 범위를 지정한 후 [홈] 탭-[글꼴] 그룹-[테두리(⊞)] 의 펼침 단추(▼)를 클릭하여 [모든 테두리]를 선택합니다.

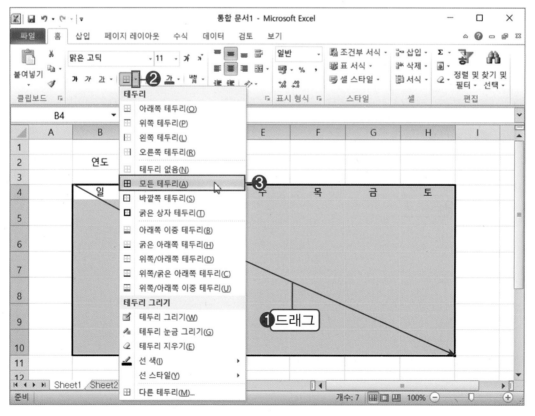

08 [B2:C3] 셀을 드래그하여 범위를 지정한 후 [홈] 탭-[글꼴] 그룹-[모든 테두리 (田)]를 클릭합니다.

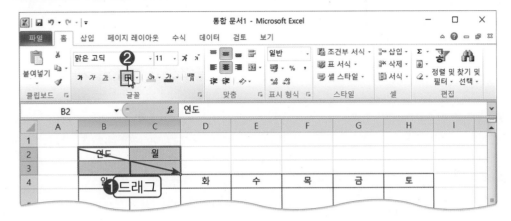

09 [B2:C2] 셀을 드래그하여 범위를 지정한 후 [홈] 탭-[스타일] 그룹-[셀 스타일] 을 클릭하여 '테마 셀 스타일'의 [강조색 6]을 선택합니다. 셀 배경과 글자색을 한꺼번에 쉽게 설정할 수 있습니다.

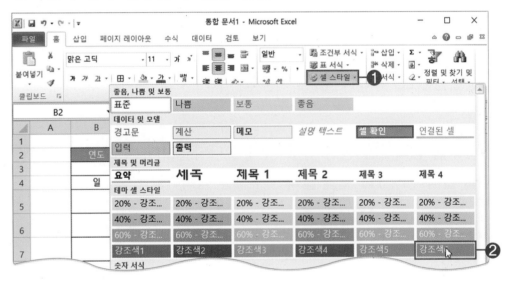

10 [B4:H4] 셀을 드래그하여 범위를 지정한 후 위와 같은 방법으로 셀 스타일을 [강조색 6]으로 적용합니다.

02 날짜와 관련된 함수 사용하기

01 [H3] 셀을 선택하여 '=to'를 입력하면 관련 함수 목록이 나타납니다. 함수 목록에서 오늘 날짜 함수에 해당하는 [TODAY]를 더블 클릭하고 Enter 키를 누릅니다.

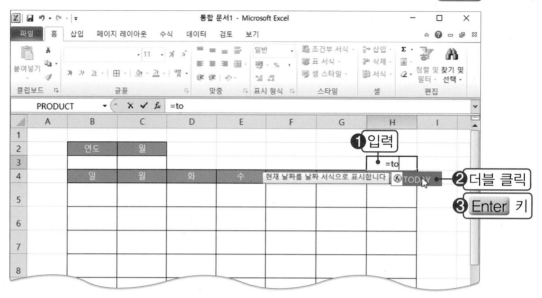

배움터 [H3] 셀에는 현재 오늘 날짜가 나타므로, 사용자에 따라 표시되는 날짜가 다릅니다.

02 [B3] 셀에서 '=Y'를 입력하면 관련 함수 목록이 나타납니다. 연도 함수에 해당하는 [YEAR]를 더블 클릭하고, 'H3' 셀을 클릭한 후 ')'를 입력하고 Enter 키를 누릅니다.

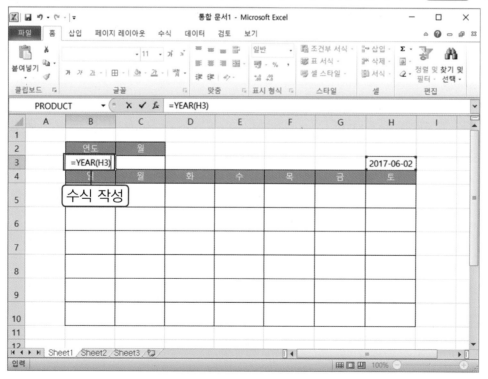

배움터 수식과 함수

▶ **수식**
- 엑셀의 가장 대표적인 기능으로, 수식은 연산을 위해 만들어 진 식입니다. 연산자를 이용하여 데이터를 계산합니다.
- 수식은 등호(=)로 시작하며 수식 기호, 함수명, 인수, 연산자, 셀 참조와 범위, 상수 등으로 구성됩니다.

▶ **연산자의 종류**
- **산술 연산자** : 기본적인 수학 연산 실행
 더하기(+), 빼기(−), 곱하기(*), 나누기(/), 지수(^)
- **참조 연산자** : 계산에 필요한 셀 범위를 결합
 범위 연산(:), 결합 연산(,), 교정 연산(공백)
- **비교 연산자** : 두 값의 크기를 비교하여 TRUE 또는 FALSE로 표시
 크다(>), 작다(<), 같다(=), 같지 않다(<>), 크거나 같다(>=), 작거나 같다(<=)
- **텍스트 연결 연산자** : 좌우의 값을 하나의 값으로 연결
 문자열 결합(&) : 두 셀의 값을 텍스트 형식으로 차례로 표시

▶ **셀 참조**
- 수식에서 피연산자로 셀 주소를 넣는 방법입니다. 셀 참조 유형에 따라 수식을 복사했을 때 셀 주소의 열 이름이나 행 번호가 바뀌기도 하고 고정되기도 합니다.
- **상대 참조** : 엑셀에서 일반적으로 계산하는 방식
 셀의 위치가 이동되면 수식의 주소가 자동으로 변경됩니다. 즉, 행과 열이 변경되면 수식도 자동으로 변경되는 방식입니다. (예 A1, B1)
- **절대 참조** : 절대 변경 안 되는 것
 셀의 위치가 이동되어도 수식의 주소는 절대로 변경되지 않습니다. 이때 절대 참조로 지정하려면 F4 키를 눌러 주면 됩니다. (예 A1)
- **혼합 참조** : 상대 참조와 절대 참조 혼합하여 사용
 행이나 열 머리글 중 한쪽에만 '$' 기호가 표시됩니다. (예 $A1 : A열은 고정이고 1행은 상대 참조 예 A$1 : A열은 상대 참조이고 1행은 고정)

 ※ F4 키를 한 번씩 누를 때마다 '상대 참조 → 절대 참조 → 열 고정 → 행 고정'으로 변경됩니다.

▶ **함수**
- 함수는 인수를 사용하여 계산하는 미리 정의된 수식으로, 함수를 이용하면 복잡한 수식을 간단하게 처리할 수 있습니다.
- **함수의 구조** : 함수도 수식이기 때문에 등호(=)로 시작하며 함수명, 왼쪽 괄호, 쉼표(,)로 구분된 함수의 인수, 오른쪽 괄호로 구성됩니다.

 = 함수명(인수1, 인수2, …, 인수n)

 ※ 인수 : 함수의 연산이나 계산에 필요한 값으로 인수의 시작과 끝은 반드시 괄호로 묶어 주고, 하나의 계산식에 여러 개의 인수를 사용하는 경우 개개의 인수들은 쉼표(,)로 구분하고, 연속된 인수는 콜론(:)을 사용합니다.

03 [C3] 셀에서 '=M'을 입력하면 관련 함수 목록이 나타납니다. 월 함수에 해당하는 [MONTH]를 더블 클릭하고, 'H3' 셀을 클릭한 후 ')'를 입력하고 Enter 키를 누릅니다.

04 [B3] 셀과 [C3] 셀에는 연도와 월만 표시됩니다. [H3] 셀을 선택하고 [홈] 탭–[글꼴] 그룹–[글꼴 색(가)]의 펼침 단추(▼)를 클릭하여 '테마 색'의 [흰색, 배경1]을 선택합니다. 글자색을 흰색으로 변경하여 오늘 날짜를 숨겨 줍니다.

WEEKDAY 함수와 수식 사용하기

01 [B5] 셀에 '=DATE(B3,C3,1)−WEEKDAY(DATE(B3,C3,1),2)'를 입력하고 Enter 키를 누릅니다.

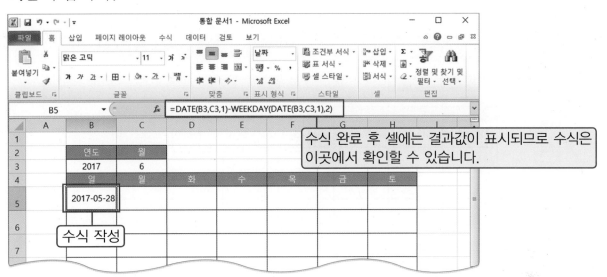

수식 완료 후 셀에는 결과값이 표시되므로 수식은 이곳에서 확인할 수 있습니다.

수식 작성

배움터 예제의 DATE(B3,C3,1)은 DATE(년,월,일)이므로 '2017년 6월 1일'을 뜻하며, '2017−6−1'로 출력됩니다.

WEEKDAY(DATE(B3,C3,1),2)는 WEEKDAY("2017−6−1",2)와 같습니다. WEEKDAY 옵션 '2'는 월요일부터 시작하는 옵션으로, '2017년 6월 1일'이 목요일이기 때문에 '4'를 반환합니다. 따라서 DATE(B3,C3,1)−4는 '2017년 6월 1일'에서 '4'를 빼는 것과 같습니다. 4일 전의 날짜를 출력합니다.

=DATE(B3,C3,1)-WEEKDAY(DATE(B3,C3,1),2)

D	WEEKDAY(serial_number, [return_type])	(일요일)에서 7(토요일)까지
(월요일)에서 7(일요일) 사이의 수를 구합니다.		2 - 숫자 1(월요일)에서 7(일요일)까지

02 [C5] 셀에는 '=B5+1'을 입력하고 Enter 키를 누릅니다.

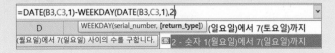

수식 작성

03 [C5] 셀의 채우기 핸들(✛)을 [H5] 셀까지 드래그하면 1일씩 증가하여 날짜가 입력됩니다.

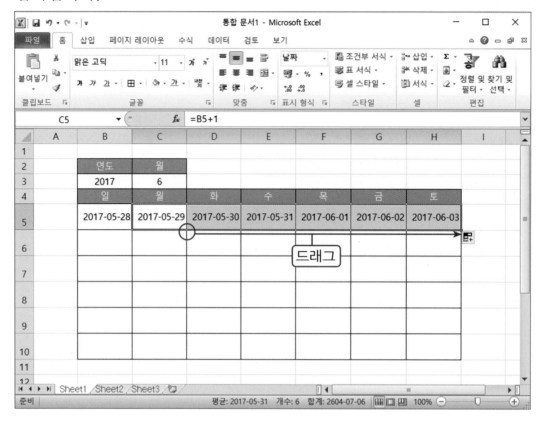

04 [B6] 셀에는 다음 일요일이 7일 후이므로, '=B5+7'을 입력하고 **Enter** 키를 누릅니다.

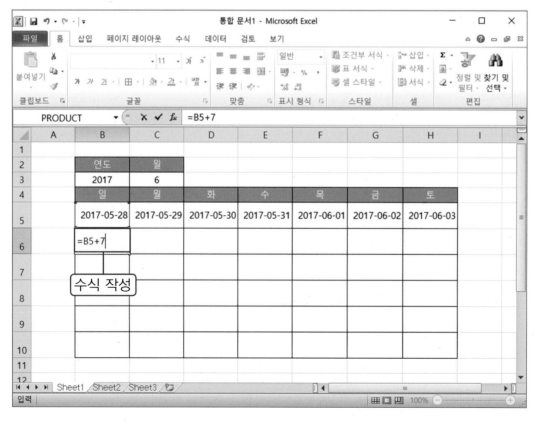

05 [B6] 셀의 채우기 핸들(┿)을 [H6] 셀까지 드래그하여 수식을 복사합니다.

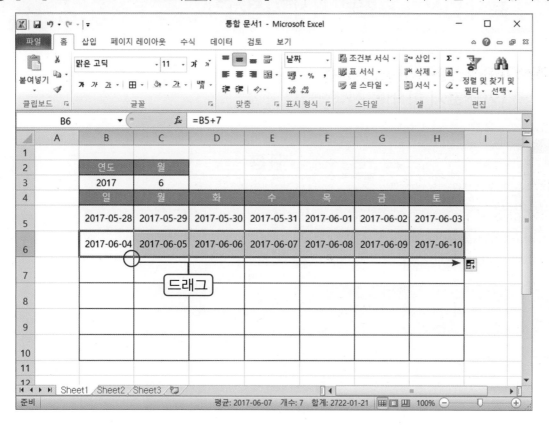

06 [H6] 셀의 채우기 핸들(┿)을 [H10] 셀까지 드래그하여 수식을 복사하여 데이터를 모두 채웁니다.

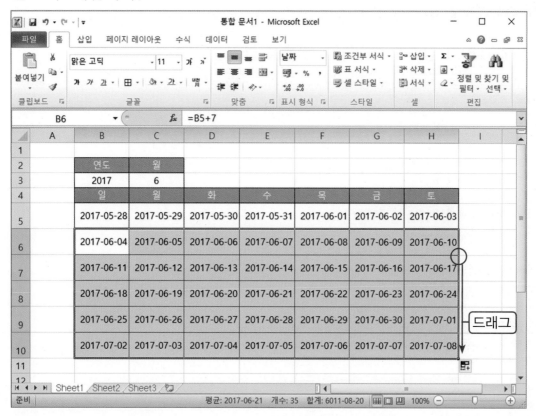

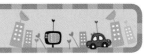

01 [B5:H10] 셀을 드래그하여 범위를 지정하고 [홈] 탭-[표시 형식] 그룹에서 표시 형식 중 [기타 표시 형식]을 선택합니다.

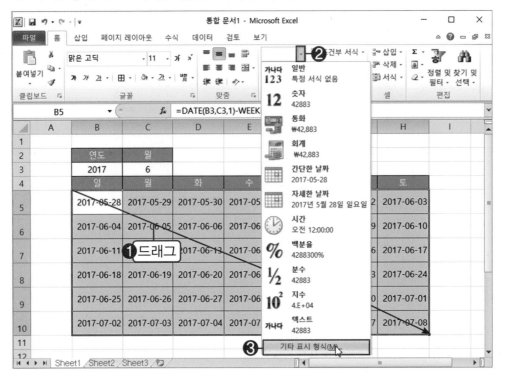

02 [셀 서식] 대화상자에서 [표시 형식] 탭의 [범주]에서 '사용자 지정'을 선택하고, [형식]에 'd'라고 입력한 후 [확인] 단추를 클릭합니다.

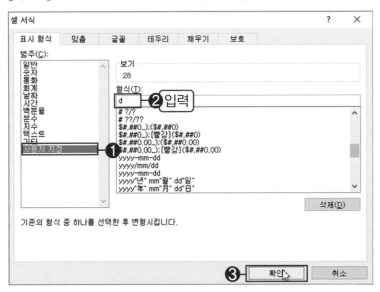

> 배움터　날짜의 표시 형식을 '일(DAY)'만 표시하기 위해 'd' 형식으로 설정합니다. 즉 '2017-05-28'은 '일'에 해당하는 '28'로 표시됩니다.

03 [홈] 탭-[스타일] 그룹-[조건부 서식]에서 [새 규칙]을 선택합니다.

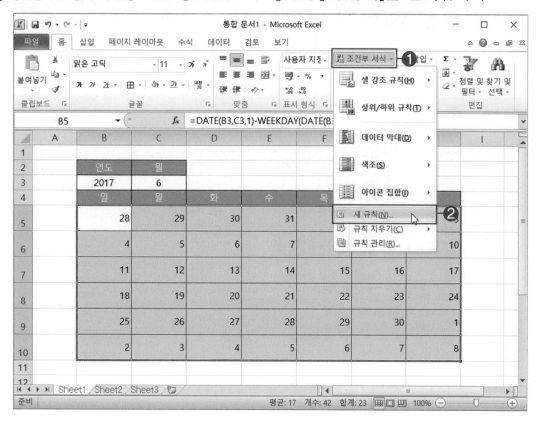

04 [새 서식 규칙] 대화상자의 [규칙 유형 선택]에서 '▶수식을 사용하여 서식을 지정할 셀 결정'을 선택합니다. [다음 수식이 참인 값의 서식 지정]에 '=MONTH(B5)<>C3' 을 입력하고 [서식] 단추를 클릭합니다.

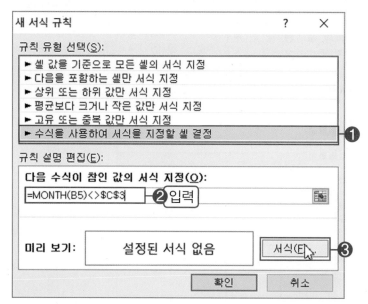

> 달력에서 당월에 해당하지 않는 날짜를 다른 서식으로 표시하기 위해 수식으로 값을 설정하였습니다. '=MONTH(B5)<>C3'은 지정한 범위의 날짜가 [B5] 셀의 '월'과 [C3] 셀에 해당하는 '월'이 같지 않을 때의 수식입니다.
> [C3] 셀의 절대 참조는 'C3'이라고 입력한 후, F4 키를 누르면 'C3'으로 표시됩니다.

05 [셀 서식] 대화상자에서 [글꼴] 탭의 [색]을 '흰색, 배경1, 15% 더 어둡게'로 설정한 후 [확인] 단추를 클릭합니다.

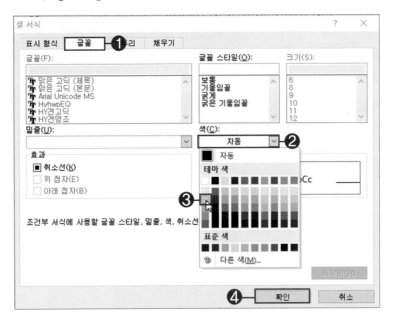

06 [새 서식 규칙] 대화상자의 [확인] 단추도 클릭합니다.

07 [B5:B10] 셀을 드래그하여 범위를 지정한 후 [홈] 탭-[글꼴] 그룹-[글꼴 색(가)]의 펼침 단추(▼)를 클릭하여 '표준 색'에서 [빨강]을 선택합니다.

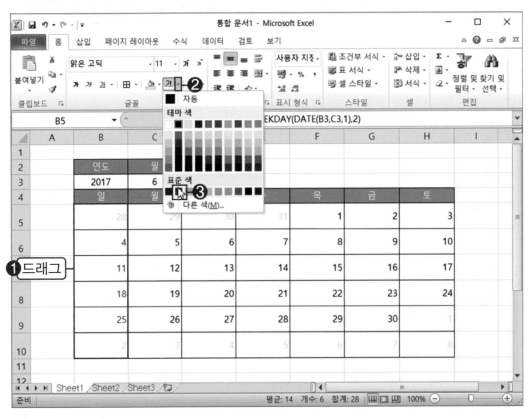

디딤돌학습

1 셀 스타일을 사용하여 '스케줄 리스트'와 '날짜', '내용'의 셀 서식을 변경해 봅니다.

예제파일 : 02_01.xlsx

	A	B	C	D	E	F	G	H	I
1									
2				스케줄 리스트					
3		날짜			내용				
4		2017-12-01							
5		2017-12-02							
6		2017-12-03							
7		2017-12-04							
8		2017-12-05							
9		2017-12-06							
10		2017-12-07							
11		2017-12-08							
12		2017-12-09							
13		2017-12-10							
14		2017-12-11							
15		2017-12-12							
16		2017-12-13							
17		2017-12-14							
18									

도움터

- 스케줄 리스트 : 제목
- 날짜 : 40%-강조색5
- 내용 : 40%-강조색4

2 조건부 서식을 사용하여 일요일은 '빨간색', 토요일은 '파란색'으로 채우고, 글 꼴은 '굵게', '흰색'으로 강조해 봅니다.

	A	B	C	D	E	F	G	H	I
1									
2				스케줄 리스트					
3		날짜			내용				
4		2017-12-01							
5		2017-12-02							
6		2017-12-03							
7		2017-12-04							
8		2017-12-05							
9		2017-12-06							
10		2017-12-07							
11		2017-12-08							
12		2017-12-09							
13		2017-12-10							
14		2017-12-11							
15		2017-12-12							
16		2017-12-13							
17		2017-12-14							
18									

도움터

- [B4] 셀을 선택하고 [홈] 탭-[스타일] 그룹-[조건부 서식]-[새 규칙] 클릭
- [새 서식 규칙] 대화상자에서 [규칙 유형 선택]을 '▶수식을 사용하여 서식을 지정할 셀 결정' 선택
- 일요일일 때 : [다음 수식이 참인 값의 서식 지정]에 '=WEEKDAY(B4)=1'을 입력
- 토요일일 때 : [다음 수식이 참인 값의 서식 지정]에 '=WEEKDAY(B4)=7'을 입력
- 조건부 서식 설정 후 [B4] 셀의 채우기 핸들(✛)을 [B17] 셀까지 드래그

엑셀 2010의 새 기능 중 하나인 스파크라인을 사용하면 셀 안에 미니 차트를 삽입할 수 있어서 성적표 등을 시각적으로 구성할 수 있습니다. 워드아트로 제목을 만들고, 시나리오를 사용해서 목표점수를 설정해 보고, 이름 정의도 해 보겠습니다.

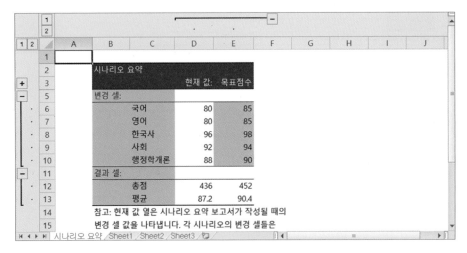

 무엇을 배울까요?

- ··· 워드아트 삽입하기
- ··· 자동 합계 구하기
- ··· 자동 평균 구하기
- ··· 미니 차트 삽입하기
- ··· 이름 정의하기
- ··· 시나리오 추가하고 요약하기

01 워드아트 삽입하기

01 '성적표.xlsx' 파일을 불러옵니다. [삽입] 탭-[텍스트] 그룹-[WordArt(➤)]를 클릭한 후 [채우기-주황, 강조 6, 윤곽선-강조 6, 네온-강조 6]을 선택합니다.

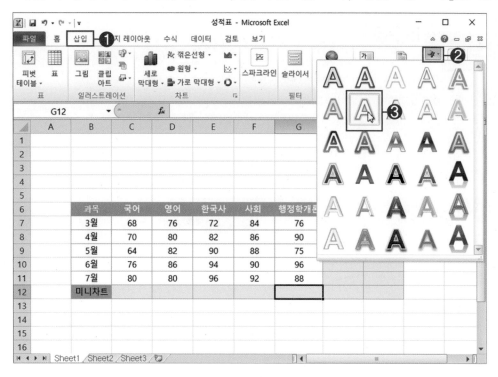

02 '모의고사 성적표'라고 입력하고, 표 위로 워드아트를 이동합니다. 워드아트의 글꼴 크기는 [홈] 탭-[글꼴] 그룹-[글꼴 크기]의 펼침 단추(▼)를 클릭한 후, [48]을 선택하여 조정합니다.

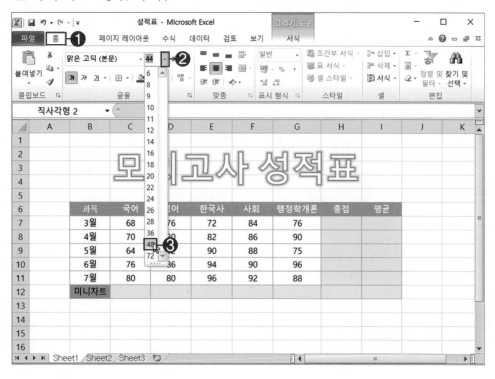

01 [H7] 셀을 선택하고 [수식] 탭-[함수 라이브러리] 그룹-[자동 합계(Σ)]의 펼침 단추(▼)를 클릭한 후, [합계]를 선택합니다.

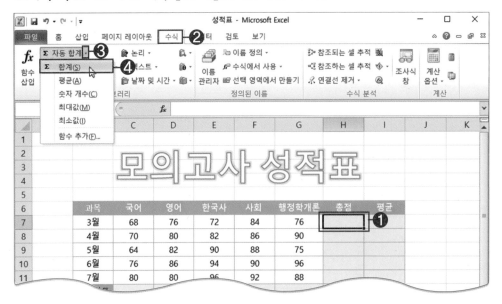

02 함수식(=SUM())이 표시되면 **[C7:G7] 셀을 드래그**하여 범위를 지정한 후 **Enter** 키 를 누릅니다.

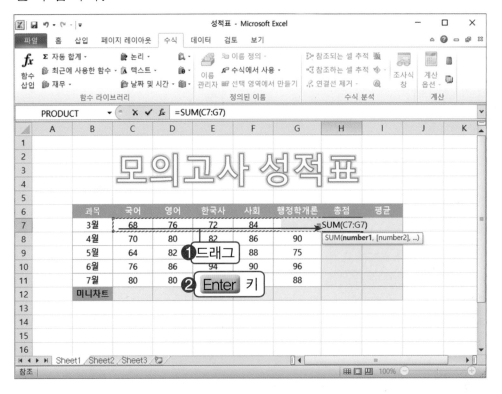

배움터 SUM 함수는 인수들의 합을 구할 때 사용합니다.

03 [H7] 셀의 채우기 핸들(✛)을 [H11] 셀까지 드래그합니다. 합계 함수식이 복사되어 채워집니다.

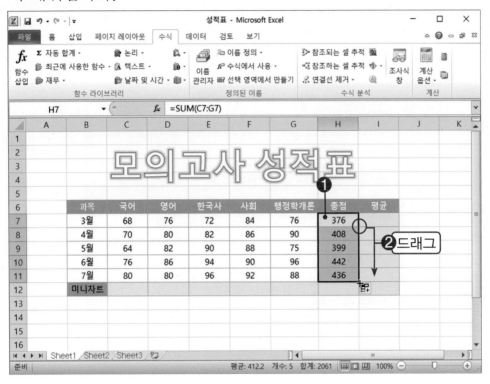

04 [I7] 셀을 선택하고 [수식] 탭-[함수 라이브러리] 그룹-[자동 합계(Σ)]의 펼침 단추(▼)를 클릭한 후, [평균]을 선택합니다.

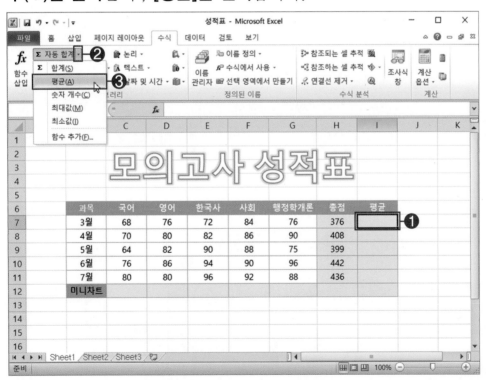

05 함수식(=AVERAGE())이 표시되면 **[C7:G7] 셀을 드래그**하여 범위를 지정한 후 Enter 키를 누릅니다.

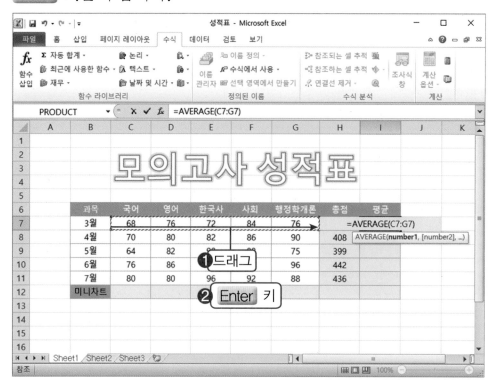

06 [I7] 셀의 채우기 핸들(╬)을 [I11] 셀까지 드래그합니다. 평균 함수식이 복사되어 채워집니다.

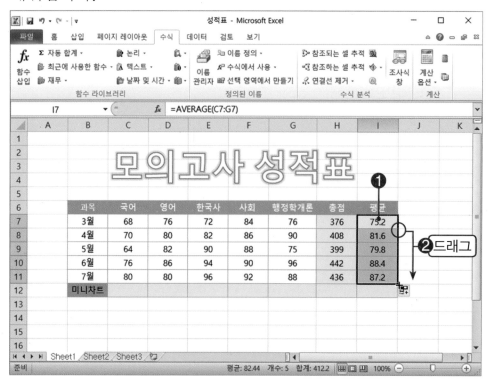

03 스파크라인 삽입하기

01 [C12] 셀을 선택하고 [삽입] 탭-[스파크라인] 그룹-[꺾은선형]을 선택합니다.

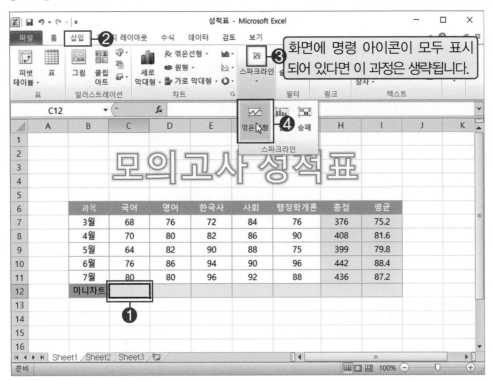

02 [스파크라인 만들기] 대화상자에서 [데이터 범위] 입력란을 클릭하고, [C7:C11]
셀을 드래그하여 범위를 지정한 후 [확인] 단추를 클릭합니다.

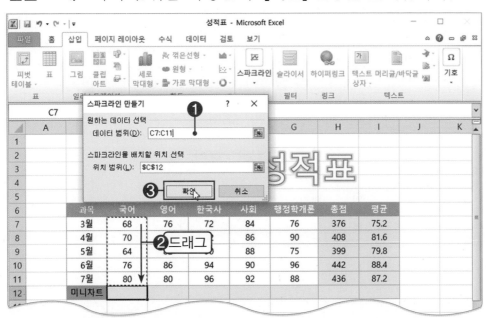

배움터 스파크라인은 단일 셀 안에 삽입하는 작은 차트로, 데이터를 시각적으로 표시합니다. 꺾은선형, 열, 승패 중에서 선택할 수 있습니다.

03 [C12] 셀 안에 꺾은선형 차트가 삽입되었습니다. **[C12] 셀의 채우기 핸들(✛)을 [I12] 셀까지 드래그**하여 꺾은선형을 각 셀에 추가합니다.

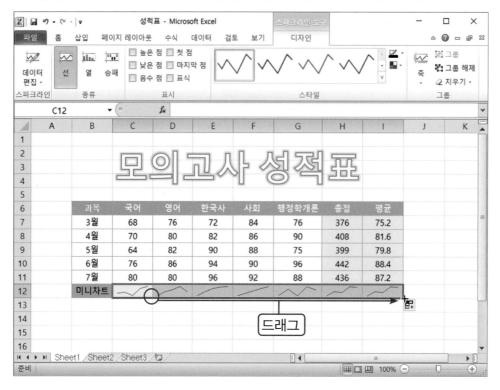

04 **[스파크라인 도구]의 [디자인] 탭-[표시] 그룹의 [표식]에 체크** 표시하여 꺾은선형에 표식을 추가합니다.

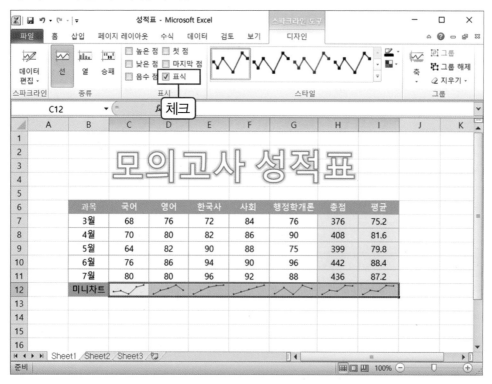

05 [스파크라인 도구]의 [디자인] 탭-[스타일] 그룹-[자세히(▾)]를 클릭한 후 갤러리에서 [스파크라인 스타일 강조 6,(어둡게 또는 밝게 없음)]을 선택합니다.

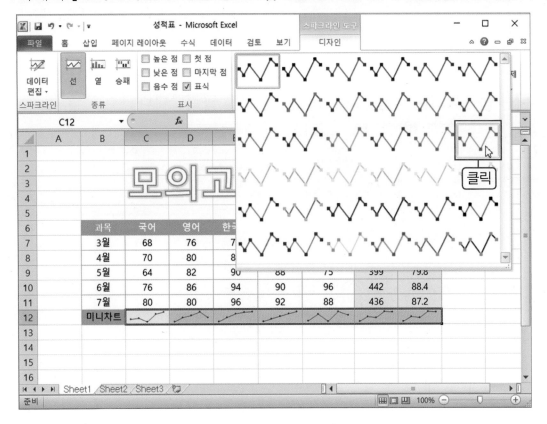

06 각 셀에 스타일이 적용된 꺾은선형 차트를 볼 수 있습니다. 차트를 통해 각 과목별 매월 성적 변화를 쉽게 볼 수 있습니다.

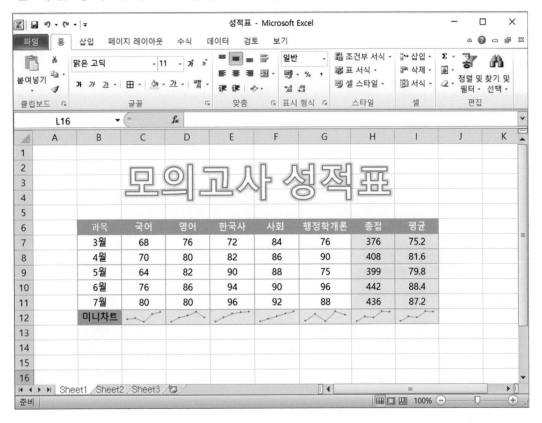

🖱 이름 정의하기

01 시나리오 기능을 사용하기 전에 먼저 셀의 이름을 정의합니다. **[C11] 셀을 선택**하고 **[수식] 탭–[정의된 이름] 그룹–[이름 정의]를 클릭**합니다.

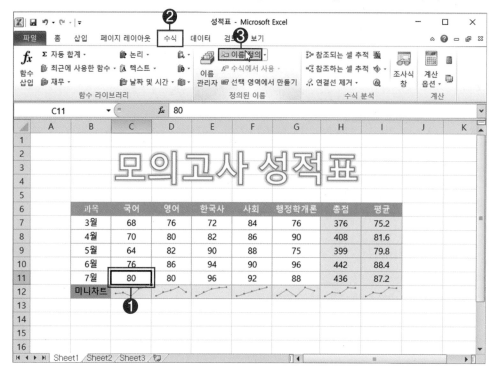

02 [새 이름] 대화상자의 **[이름]에 '국어'라고 입력**한 후 **[확인] 단추를 클릭**합니다.

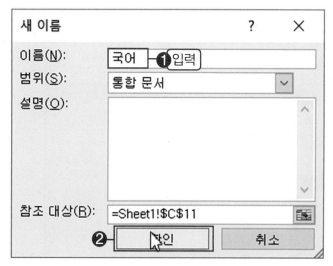

> **배움터** 셀의 이름을 지정하면 수식 작성 시 이름으로 셀을 참조할 수 있습니다.

03 위와 같은 방법으로 [D11] 셀부터 [I11] 셀까지 각각 선택하여 '영어', '한국사', '사회', '행정학개론', '총점', '평균'으로 이름을 정의합니다.

04 셀 이름이 제대로 입력되었는지 확인하기 위해 **[수식] 탭–[정의된 이름] 그룹–[이름 관리자]를 클릭**합니다.

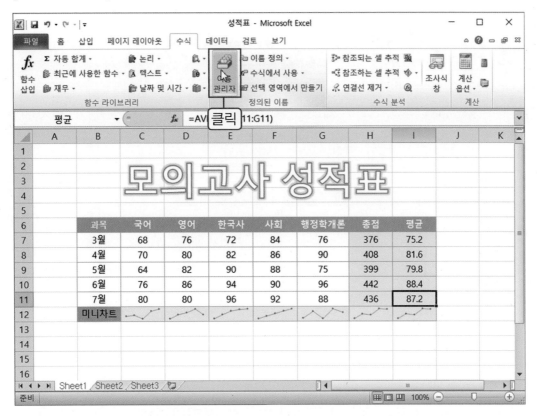

05 [이름 관리자] 대화상자에서 지정한 이름을 확인한 후 **[닫기] 단추를 클릭**합니다.

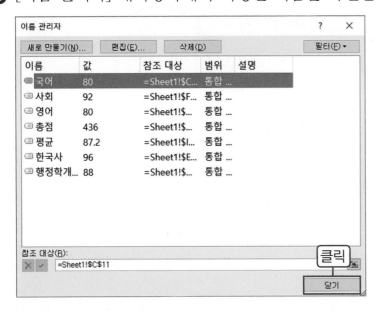

(배움터) [이름 관리자] 대화상자의 이름 목록에서 원하는 항목을 선택한 후 [편집] 단추나 [삭제] 단추를 클릭하여 편집하거나 삭제할 수 있습니다.

🖱 시나리오 요약 보고서 만들기

01 목표점수에 대한 시나리오를 만들기 위해 먼저 **[데이터] 탭–[데이터 도구]** 그룹–**[가상 분석]–[시나리오 관리자]**를 클릭합니다.

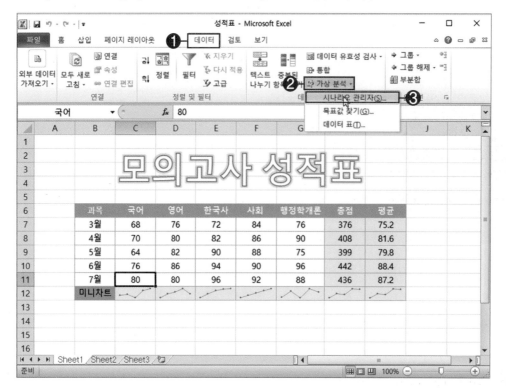

02 [시나리오 관리자] 대화상자에서 **[추가]** 단추를 클릭합니다.

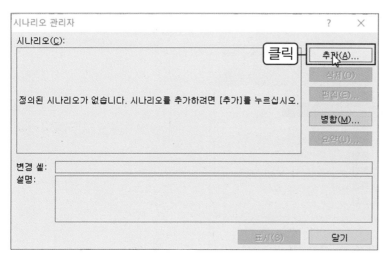

03 [시나리오 편집] 대화상자의 [시나리오 이름]에 '목표점수'라고 입력하고 [변경 셀]의 입력란을 클릭한 후 [C11:G11] 셀까지 드래그하여 범위를 지정하고 [확인] 단추를 클릭합니다.

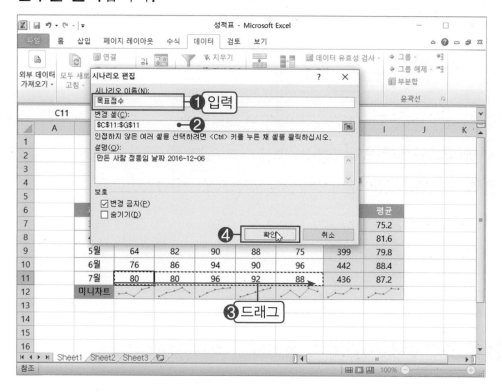

04 [시나리오 값] 대화상자에서 **변경 셀에 해당하는 값을 각각 그림처럼 입력**한 후 **[확인] 단추를 클릭**합니다.

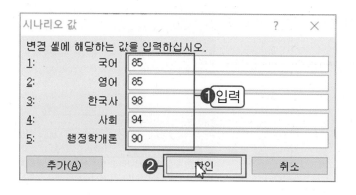

05 [시나리오 관리자] 대화상자에 목표점수가 만들어졌으면 **[요약] 단추를 클릭**합니다.

06 [시나리오 요약] 대화상자의 [보고서 종류]에 '시나리오 요약'을 선택하고, [결과 셀]에 자동으로 'H11, I11'이 입력된 것을 확인한 후 [확인] 단추를 클릭합니다.

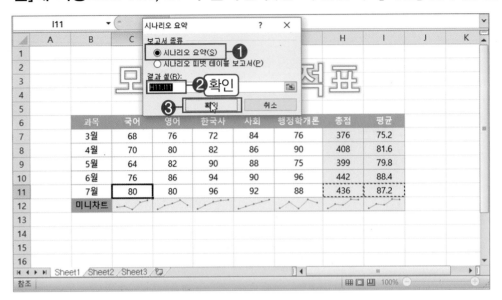

07 시트 탭에 [시나리오 요약] 탭이 생성되면서 다음 그림과 같은 결과가 표시됩니다.

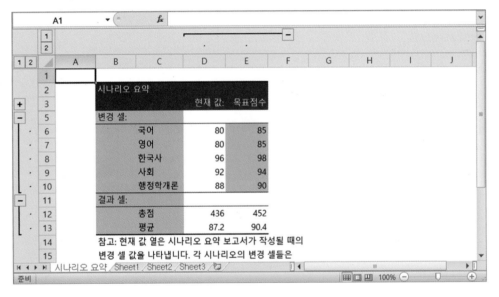

배움터   미리 변경 셀에 '이름 정의'를 하지 않으면 다음과 같이 변경 셀에 셀 참조 주소가 나타납니다.

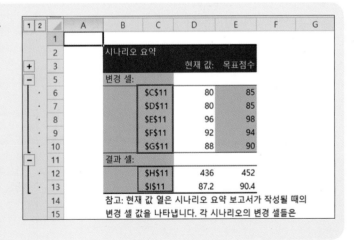

1 워드아트로 '매출 목표'를 입력하고, 자동 합계와 열 모양의 스파크라인을 삽입해 봅니다.

⊙ 예제파일 : 03_01.xlsx

제품	1분기	2분기	3분기	4분기	미니차트
지우개	1,100	1,200	1,500	1,600	
연필	900	1,000	1,200	1,000	
샤프	700	900	900	600	
공책	1,200	1,500	1,800	2,000	
합계	3,900	4,600	5,400	5,200	

(단위 : 천원)

매출 목표

도움터
- **워드아트 스타일** : '채우기-빨강, 강조 2, 부드러운 무광택 입체'로 지정
- **스파크라인 스타일** : '스파크라인 스타일 강조 4(어둡게 또는 밝게 없음)'으로 지정

2 1분기 10% 증가 매출을 가상으로 분석해 볼 수 있는 시나리오 요약표를 만들어 봅니다.

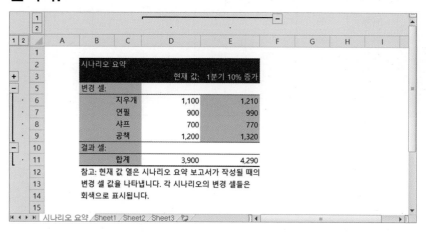

도움터
- [C7], [C8], [C9], [C10], [C11] 셀을 각각 '지우개', '연필', '샤프', '공책', '합계'로 이름 정의
- **시나리오 추가**
  - 시나리오 이름 : 1분기 10% 증가
  - 변경 셀 : [C7:C10]
  - 시나리오 값 : 지우개(1,210), 연필(990), 샤프(770), 공책(1,320)

우수 사원 선발표 만들기

AND 함수는 조건식을 모두 만족하면 참이고, 하나라도 만족하지 않으면 거짓을 표시합니다. OR 함수는 조건식 중 하나만 만족하면 참을, 모두 만족하지 않으면 거짓을 표시합니다. 논리적인 판단을 할 수 있는 IF, AND, OR 함수를 사용하여 우수 사원을 선발하는 표를 만들어 보겠습니다.

우수 사원 선발표

성명	성별	나이	일반상식	영어	총점	순위	평가1	평가2
구진호	남	29세	70	90	160	6		
김미선	여	26세	75	65	140	8	재교육	
나희진	여	28세	90	95	185	3		우수사원
노진규	남	28세	80	50	130	10		
라진경	여	25세	85	85	170	5		
박수민	여	24세	65	70	135	9	재교육	
성수경	여	26세	95	100	195	1		우수사원
이진용	남	29세	90	100	190	2		우수사원
조민건	남	29세	85	90	175	4		
정민호	남	30세	80	80	160	6		

Sheet1 / Sheet2 / Sheet3

 무엇을 배울까요?

> ⋯⋯ RANK 함수 활용하기 ⋯⋯ AND 함수 활용하기
> ⋯⋯ IF 함수 활용하기 ⋯⋯ OR 함수 활용하기

순위 알아보기

01 '우수사원.xlsx' 파일을 불러옵니다. 함수 마법사로 총점의 순위를 알아보기 위해 [H5] 셀을 선택하고, [수식] 탭-[함수 라이브러리] 그룹에서 [함수 삽입(*fx*)]을 클릭합니다.

02 [함수 마법사] 대화상자가 나타나면 **[범주 선택]**에서 '모두'를 선택합니다.

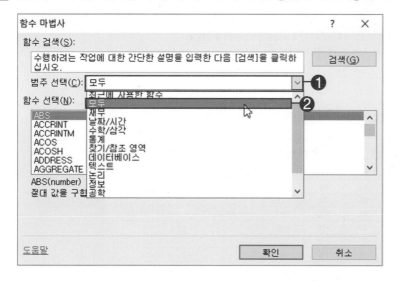

03 [함수 선택]의 **이동 막대를 아래로 드래그**하여 '**RANK**'를 **선택**한 후 [**확인**] 단추를 **클릭**합니다.

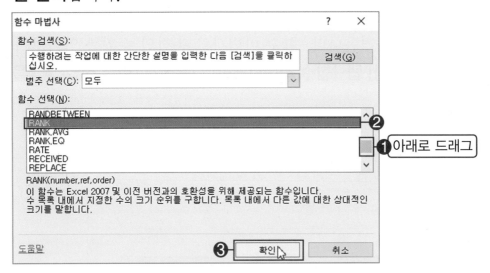

> 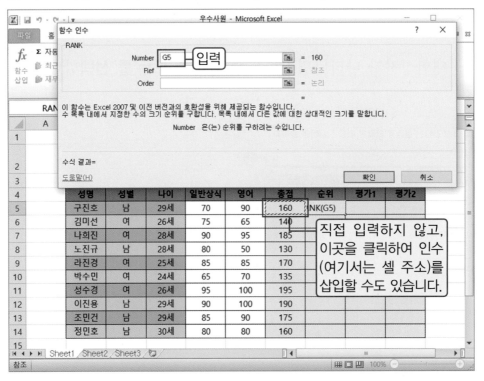 함수 마법사란 함수의 수식을 잘 몰라도 이 마법사를 사용하면 함수를 쉽게 사용할 수 있는 중요한 도구입니다.
> [함수 마법사] 대화상자의 [범주 선택]에서 원하는 '범주'를 선택한 다음, 그 아래쪽의 [함수 선택]에서 원하는 '함수'를 선택하여 사용합니다.

04 [함수 인수] 대화상자가 나타나면 [Number]의 입력란에 'G5'라고 입력합니다.

05 [함수 인수] 대화상자에서 [Ref]의 **입력란을 클릭**한 후 [G5:G14] **셀을 드래그**하여 범위를 선택합니다. **F4** 키를 눌러 절대 참조로 설정한 후 [확인] 단추를 클릭합니다.

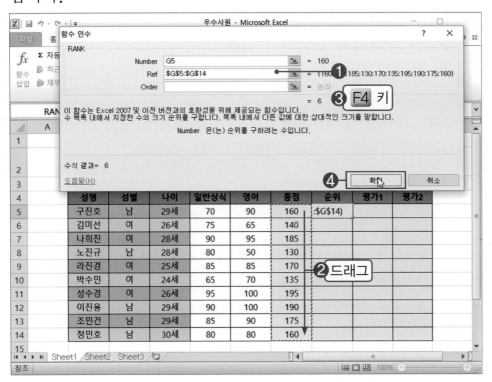

> **배움터** RANK 함수는 숫자 목록 내에서 지정한 수의 크기 순위를 구할 때 사용합니다. 즉, 목록 내에서 다른 값에 대한 상대적인 크기를 말하므로 해당 범위를 절대 참조로 지정해야 합니다.

06 [H5] 셀의 **채우기 핸들**(🔳)을 [H14] **셀까지 드래그**하면 순위 함수식이 복사되어 각 사원의 순위가 표시됩니다.

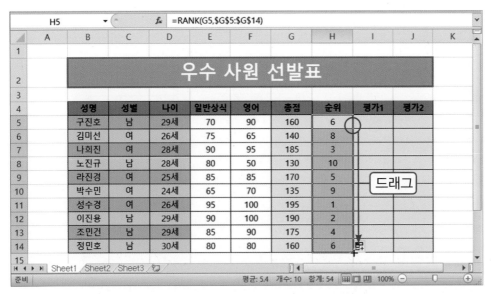

IF 함수와 AND 함수 사용하여 재교육자 선발하기

'일반상식'은 75점 이하, '영어'는 70점 이하에 모두 속하는 사람은 '재교육'으로 표시하고, 그렇지 않은 사람은 공백으로 표시하기 위해 IF 함수와 AND 함수를 사용하여 구해 보겠습니다.

01 함수 마법사로 논리 함수인 IF 함수를 사용하기 위해 [I5] 셀을 **선택**하고, [수식] 탭-[함수 라이브러리] 그룹에서 **[함수 삽입(fx)]을 클릭**합니다.

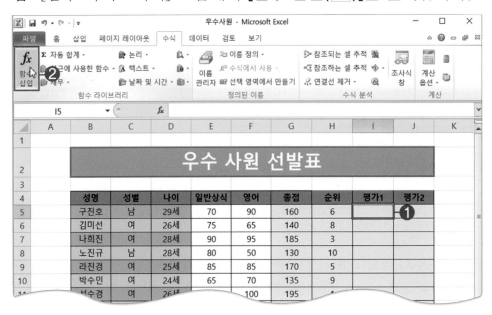

02 [함수 마법사] 대화상자가 나타나면 [함수 선택]의 이동 막대를 아래로 드래그하여 **'IF'를 선택**한 후 **[확인] 단추를 클릭**합니다.

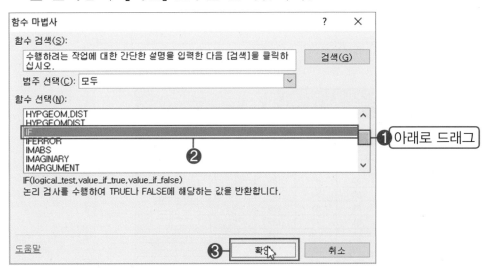

03 [함수 인수] 대화상자가 나타나면 [Logical_test]에 커서를 두고, **이름 상자의 목록 단추(▼)를 클릭**하여 중첩할 함수 [AND]를 **선택**합니다.

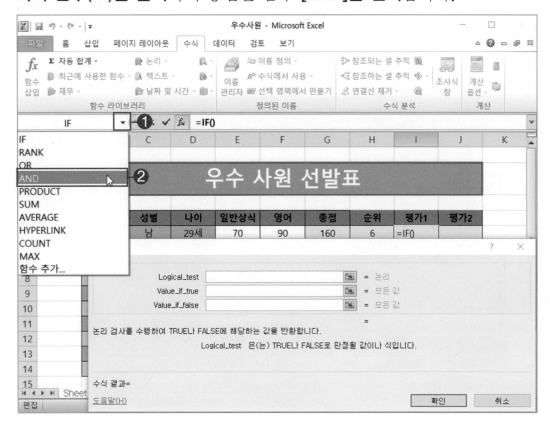

> **배움터** IF 함수는 조건식이 참이면 참에 해당하는 값을 표시하고, 그렇지 않으면 거짓에 해당하는 값을 표시합니다.

> **배움터** 만약 이름 상자 목록에 원하는 함수가 없을 때는 [함수 추가]를 선택하여 [함수 마법사] 대화상자에서 함수를 찾은 후, [확인] 단추를 클릭하여 추가합니다.

04 AND 함수의 [함수 인수] 대화상자가 나타나면 [Logical1]에 'E5<=75'라고 입력하고, [Logical2]에 'F5<=70'이라고 입력한 후 수식 입력줄의 'IF'를 클릭합니다.

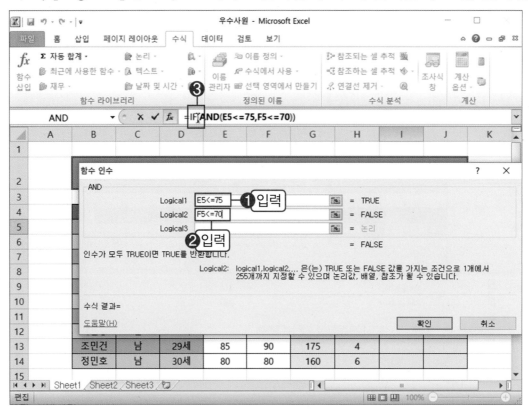

> (배움터) AND 함수는 조건식을 모두 만족하면 참이고, 하나라도 만족하지 않으면 거짓을 표시합니다.

05 IF 함수의 [함수 인수] 대화상자가 나타나면 [Value_if_true]에 "재교육"을 입력하고, [Value_if_false]에는 ""을 입력한 후 [확인] 단추를 클릭합니다.

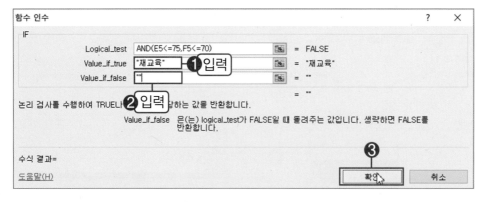

> (배움터) 문자의 앞뒤에는 반드시 큰따옴표("")를 입력해 주어야 하고, 공백은 큰따옴표("")만 입력합니다.

06 [I5] 셀에 공백이 입력되었습니다. **[I5] 셀의 채우기 핸들(+)을 [I14] 셀까지 드래그**하면 '일반상식' 점수가 75점 이하, '영어' 점수가 70 이하에 모두 속하는 사람은 '재교육', 그렇지 않은 사람은 공백으로 표시됩니다.

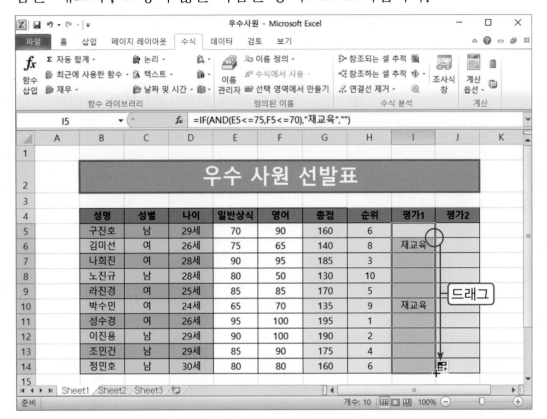

배움터 공백으로 표시된 [I5] 셀을 선택하면 수식 입력줄에 함수식이 표시되는 것을 확인할 수 있습니다.

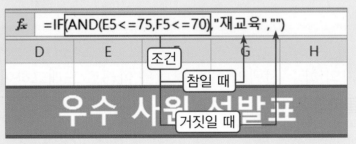

배움터 비교 연산자

=	같음
〈〉	같지 않음
〉	보다 큼
〉=	크거나 같음
〈	보다 작음
〈=	작거나 같음

IF 함수와 OR 함수 사용하여 우수 사원 선발하기

'일반상식'과 '영어' 중 하나라도 90 미만인 경우 공백으로 표시하고, 그렇지 않으면 '우수사원'으로 표시하기 위해 IF 함수와 OR 함수를 사용하여 구해 보겠습니다.

01 함수 마법사로 논리 함수인 IF 함수를 사용하기 위해 **[J5] 셀을 선택**하고, [수식] 탭-[함수 라이브러리] 그룹에서 **[함수 삽입(_fx_)]을 클릭**합니다.

02 [함수 마법사] 대화상자의 함수 선택의 이동 막대를 아래로 드래그하여 'IF'를 선택한 후 **[확인] 단추를 클릭**합니다.

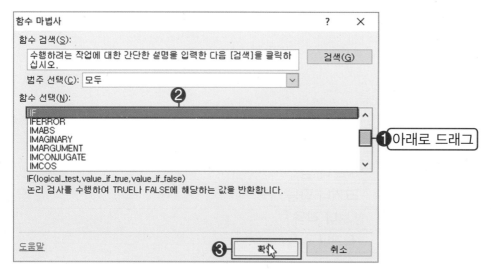

03 [함수 인수] 대화상자가 나타나면 [Logical_test]에 커서를 두고, **이름 상자의 목록 단추(▼)를 클릭**하여 중첩할 함수 **[OR]을 선택**합니다. OR 함수가 없을 경우에는 [함수 추가]를 클릭하여 OR 함수를 추가합니다.

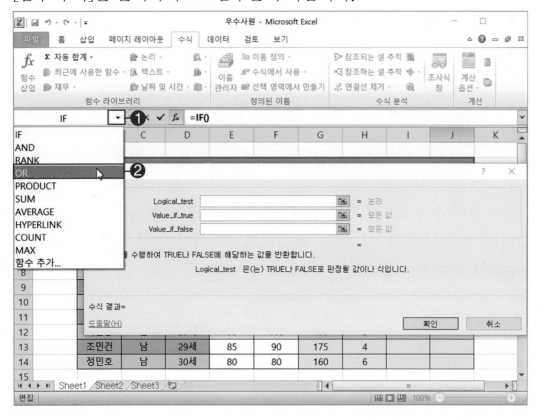

04 OR 함수의 [함수 인수] 대화상자가 나타나면 [Logical1]에 'E5<90'라고 **입력**하고, [Logical2]에 'F5<90'라고 **입력**한 후 **수식 입력줄의 'IF'를 클릭**합니다.

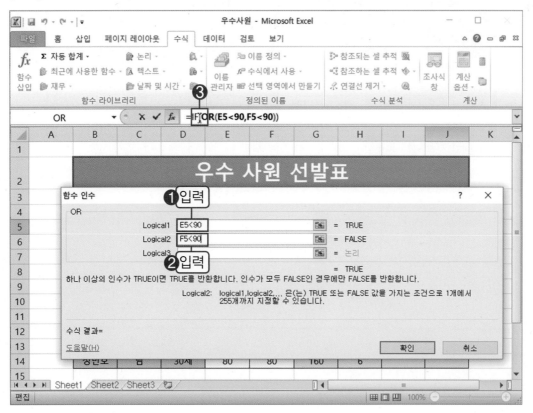

05 IF 함수의 [함수 인수] 대화상자가 나타나면 [Value_if_true]에 " "을 입력하고, [Value_if_false]에는 "우수사원"을 입력한 후 [확인] 단추를 클릭합니다.

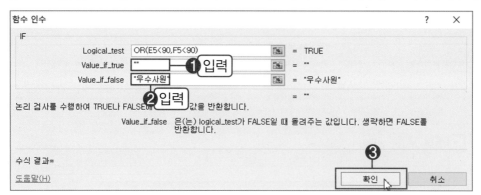

06 [J5] 셀에 공백이 입력되었습니다. [J5] 셀의 채우기 핸들(+)을 [J14] 셀까지 드래그하면 '일반상식'과 '영어' 중 하나라도 90 미만인 경우 공백, 그렇지 않으면 '우수사원'으로 표시됩니다.

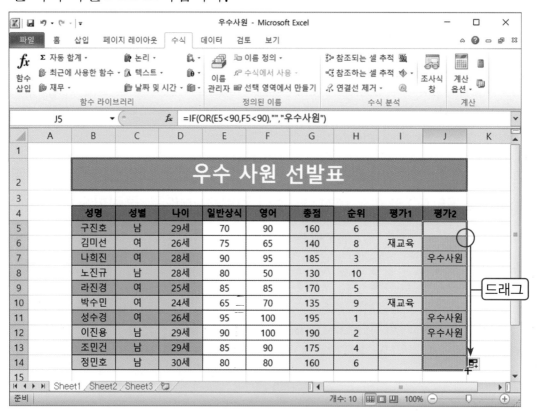

1 신체검사 표의 [F5:F10] 셀에 함수를 활용하여 키 170cm 이상, 몸무게 75kg 이상, 시력 1.0 이상인 경우 '합격'으로, 그렇지 않은 경우 '불합격'으로 나타내 봅니다.

📁 예제파일 : 04_01.xlsx

이름	키	몸무게	시력	합격여부	비서합격
주민지	170	75	1.5	합격	
이주영	183	95	1.2	합격	
김남인	175	77	1.1	합격	
지혜라	169	71	0.3	불합격	
최인호	180	83	0.7	불합격	
구본수	167	68	0.2	불합격	

신체검사

도움터
- IF 함수, AND 함수 사용
- **함수식** : =IF(AND(C5>=170, D5>=75, E5>=1), "합격", "불합격")

2 신체검사 표의 [G5:G10] 셀에 함수를 활용하여 키 180cm 미만, 몸무게 90kg 미만, 시력 1.0 미만 조건에 하나라도 속하는 경우는 공백으로, 그렇지 않으면 '비서'라고 나타내 봅니다.

이름	키	몸무게	시력	합격여부	비서합격
주민지	170	75	1.5	합격	
이주영	183	95	1.2	합격	비서
김남인	175	77	1.1	합격	
지혜라	169	71	0.3	불합격	
최인호	180	83	0.7	불합격	
구본수	167	68	0.2	불합격	

신체검사

도움터
- IF 함수, OR 함수 사용
- **함수식** : =IF(OR(C5<180, D5<90, E5<1), "", "비서")

05 학점 평가하기

전체 합계나 평균을 구하는 것이 아니라 특정 조건에 맞는 합계나 평균을 구해야 될 때는 SUMIF 함수나 AVERAGEIF 함수를 사용해야 합니다. SUMIF 함수나 AVERAGEIF 함수, COUNTIF 함수를 구하는 방법과 LOOKUP 함수를 사용하여 학점 기준표에 맞게 평가하는 방법에 대해서도 알아보겠습니다.

이름	성별	국어	영어	수학	평균	평가		점수	학점
구미경	여	60	45	45	50	F		0	F
김진아	여	85	90	95	90	A-		60	D-
나연희	여	80	85	90	85	B+		65	D+
박수경	여	95	90	100	95	A+		75	C+
박준식	남	75	85	80	80	B-		80	B-
박해민	남	95	100	90	95	A+		85	B+
서민지	여	60	65	100	75	C+		90	A-
이규태	남	70	75	65	70	D+		95	A+
정재환	남	50	65	65	60	D-			

학점 평가표

남학생 국어 총점	290	남학생 수	4
남학생 영어 평균	81.25	수학 점수가 평균 이상인 수	5

Sheet1 / Sheet2 / Sheet3

 무엇을 배울까요?

⋯▸ SUMIF 함수 활용하기 ⋯▸ & 연산자 활용하기
⋯▸ AVERAGEIF 함수 활용하기 ⋯▸ LOOKUP 함수 활용하기
⋯▸ COUNTIF 함수 활용하기

SUMIF 함수로 조건부 합계 구하기

01 '학점평가.xlsx' 파일을 불러옵니다. 함수 마법사로 남학생 국어 점수의 총점을 알아보기 위해 [D15] 셀을 선택하고, [수식] 탭-[함수 라이브러리] 그룹에서 [함수 삽입(fx)]을 클릭합니다.

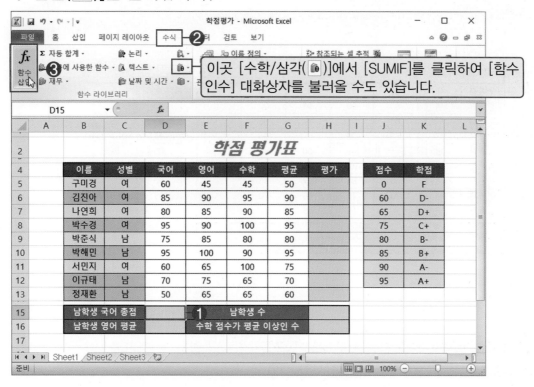

02 [함수 마법사] 대화상자의 [범주 선택]에서 '모두'를 선택한 후, [함수 선택]에서 'SUMIF'를 선택하고 [확인] 단추를 클릭합니다.

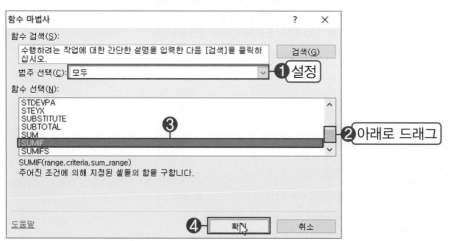

03 [함수 인수] 대화상자의 [Range]에 커서를 두고, **[C5:C13] 셀을 드래그**하여 범위를 선택합니다.

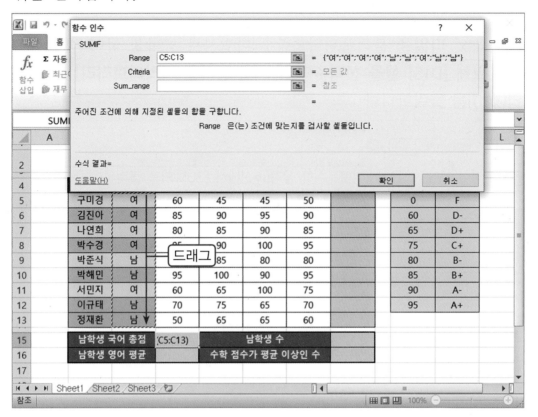

> SUMIF 함수는 주어진 조건에 의해 지정된 셀들의 합을 구합니다.
> • Range : 조건이 맞는지를 검사할 셀들
> • Criteria : 숫자, 식, 또는 텍스트 형식의 조건
> • Sum_range : 합을 구할 실제 셀들

04 [함수 인수] 대화상자에서 **[Criteria]의 입력란을 클릭**한 후, 조건으로 성별 중 남학생을 제시하고 있으므로 **"남"이라고 입력**합니다.

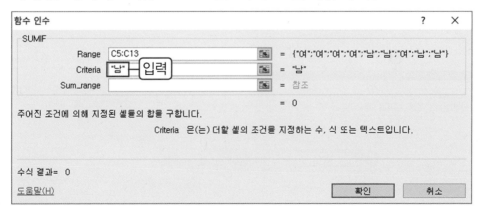

05 [함수 인수] 대화상자에서 [Sum_range]의 입력란을 클릭한 후, 실제 합을 구할 국어 점수에 해당하는 [D5:D13] 셀을 드래그하여 범위를 선택하고 [확인] 단추를 클릭합니다.

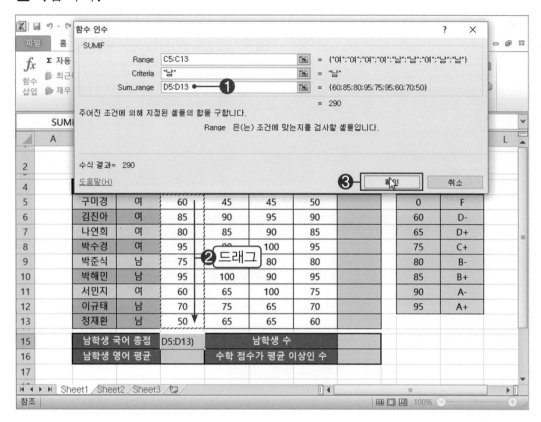

06 [D15] 셀에 남학생들의 국어 점수 합계가 '290'으로 표시됩니다.

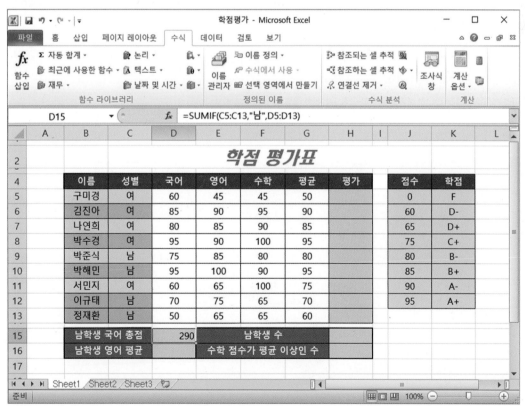

01 함수 마법사로 남학생 영어 점수 평균을 알아보기 위해 **[D16] 셀을 선택**하고, [수식] 탭-[함수 라이브러리] 그룹에서 **[함수 삽입(*fx*)]을 클릭**합니다.

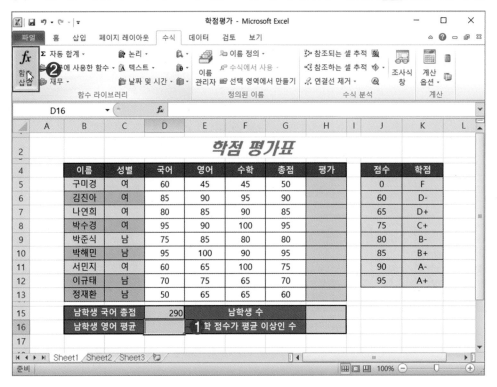

02 [함수 마법사] 대화상자의 **[함수 선택]**에서 'AVERAGEIF'를 **선택**한 후 **[확인] 단추를 클릭**합니다.

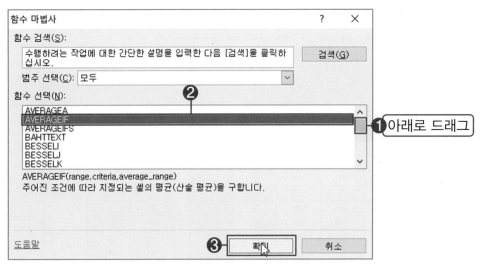

03 [함수 인수] 대화상자의 [Range]에 커서를 두고, [C5:C13] 셀을 드래그하여 범위를 선택합니다. [Criteria]의 입력란을 클릭한 후 "남"이라고 입력합니다. [Average_range]의 입력란을 클릭한 후 [E5:E13] 셀을 드래그하여 범위를 선택하고 [확인] 단추를 클릭합니다.

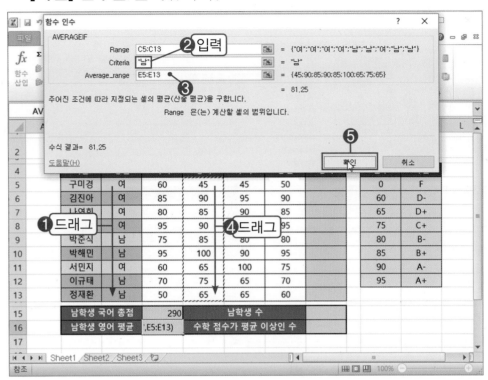

> **배움터** AVERAGEIF 함수는 주어진 조건에 따라 지정되는 셀의 평균(산술 평균)을 구합니다.
> • Range : 조건이 맞는지를 검사할 셀들
> • Criteria : 숫자, 식 또는 텍스트 형식의 조건
> • Average_range : 평균을 구하는 데 사용할 실제 셀들

04 [D16] 셀에 남학생들의 영어 평균이 '81.25'로 표시됩니다.

학점 평가표

이름	성별	국어	영어	수학	평균	평가		점수	학점
구미경	여	60	45	45	50			0	F
김진아	여	85	90	95	90			60	D-
나연희	여	80	85	90	85			65	D+
박수경	여	95	90	100	95			75	C+
박준식	남	75	85	80	80			80	B-
박해민	남	95	100	90	95			85	B+
서민지	여	60	65	100	75			90	A-
이규태	남	70	75	65	70			95	A+
정재환	남	50	65	65	60				
남학생 국어 총점			290	남학생 수					
남학생 영어 평균			81.25	수학 점수가 평균 이상인 수					

01 남학생 수를 알아보기 위해 [H15] 셀을 선택하고, [수식] 탭-[함수 라이브러리] 그룹-[함수 추가(📦)]-[통계]에서 [COUNTIF]를 선택합니다.

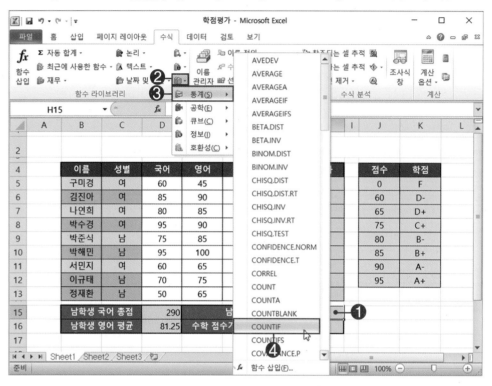

02 [함수 인수] 대화상자의 [Range]에 커서를 두고, [C5:C13] 셀을 드래그하여 범위를 선택합니다.

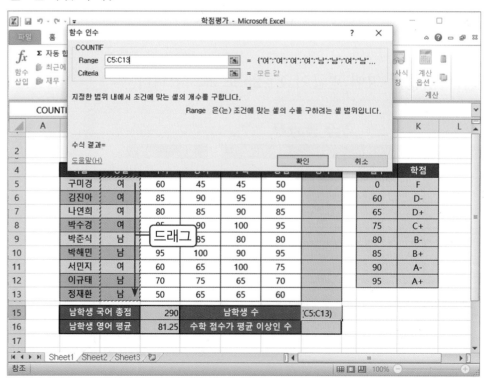

03 [함수 인수] 대화상자의 **[Criteria]**에 **"남"**이라고 **입력**한 후 **[확인]** 단추를 클릭합니다.

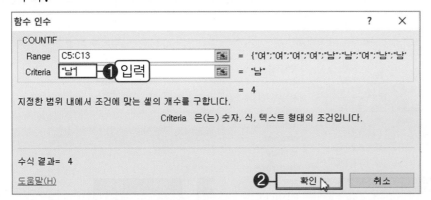

> **배움터** COUNTIF 함수는 지정한 범위 내에서 조건에 맞는 셀의 개수를 구합니다.
> • Range : 조건에 맞는지를 검사할 셀들
> • Criteria : 숫자, 식 또는 텍스트 형식의 조건

04 [H15] 셀에 남학생 수가 '4'로 표시됩니다.

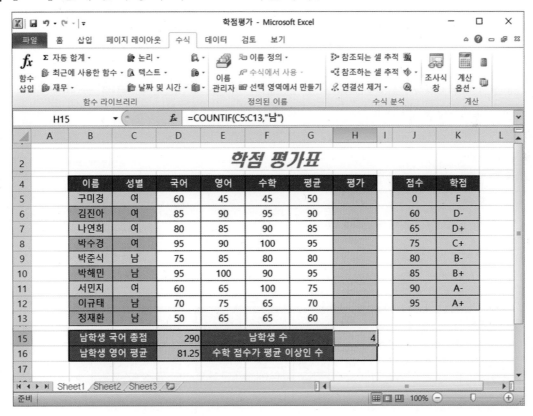

05 수학 점수가 평균 이상인 수를 구하기 위해 **[H16] 셀을 선택**하고, [수식] 탭-[함수 라이브러리] 그룹-[함수 추가(📕)]-[통계]에서 **[COUNTIF]를 선택**합니다.

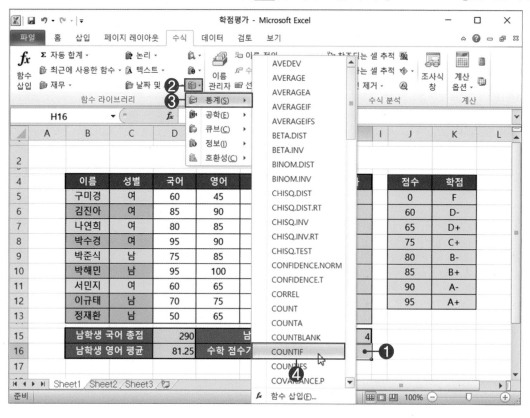

06 [함수 인수] 대화상자의 [Range]에 커서를 두고, **[F5:F13] 셀을 드래그**하여 수학 점수를 범위로 지정합니다.

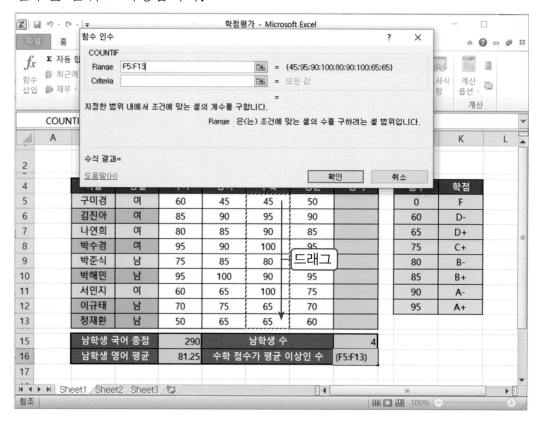

07 [함수 인수] 대화상자의 [Criteria]에 ' ">="&Average(F5:F13)'를 입력한 후 [확인] 단추를 클릭합니다.

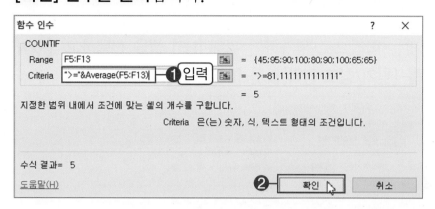

배움터   텍스트 연결 연산자 &(Ampersand) 기호를 사용하면 &를 기준으로 좌우의 값을 하나로 연결합니다. [함수 인수] 대화상자의 Criteria에 & 연산자를 이용해 비교 연산자 ">="(이상)과 수학 점수 평균 조건을 연결시켜서 입력합니다.

08 [H16] 셀에 수학 점수가 평균 이상인 수가 '5'로 표시됩니다.

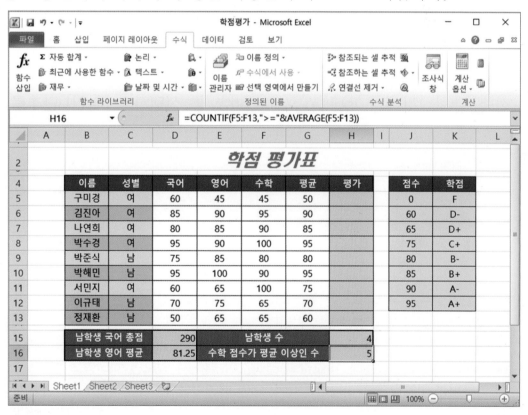

LOOKUP 함수로 학점 평가하기

01 미리 제시된 조건에 맞는 학점으로 평가하기 위해 [H5] 셀을 선택하고, [수식] 탭–
[함수 라이브러리] 그룹–[찾기/참조 영역(🔍)]–[LOOKUP]을 클릭합니다.

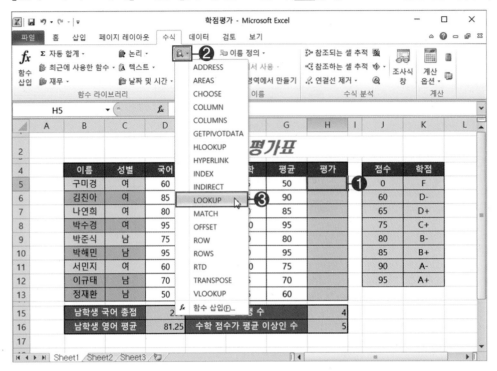

02 [인수 선택] 대화상자에서 'lookup_value,array'를 선택하고 [확인] 단추를 클릭
합니다.

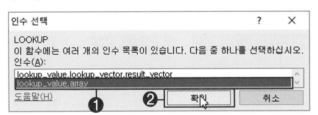

배움터 LOOKUP 함수는 배열이나 한 행이나 한 열 범위에서 값을 찾는 함수로, 즉 미리 제
시된 조건에 맞춰 값을 찾는 함수입니다.
LOOKUP 함수는 벡터형(lookup_value,lookup_vector,result_vector)과 배열형(look-
up_value,array)이 있는데, 비교값과 결과값이 떨어져 있으면 벡터형을 선택하고, 위
의 경우처럼 비교값과 결과값이 붙어 있으면 배열형을 선택합니다.

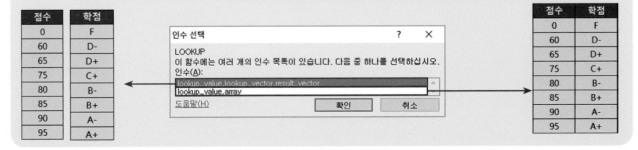

03 [함수 인수] 대화상자의 [Lookup_value]에 커서를 두고, **[G5] 셀을 선택**합니다.

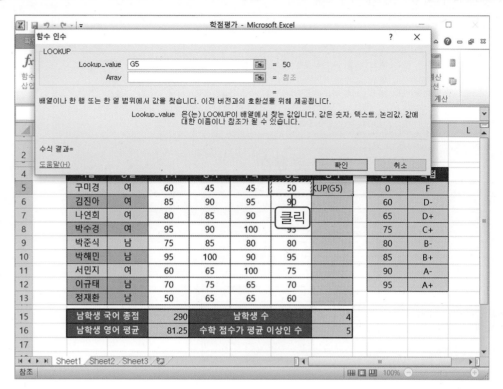

04 [함수 인수] 대화상자의 **[Array] 입력란을 클릭**한 후 **[J5:K12] 셀을 드래그**하여 비교할 테이블의 범위를 선택하고, **F4 키**를 눌러서 절대 참조로 변경합니다. **[확인] 단추를 클릭**합니다.

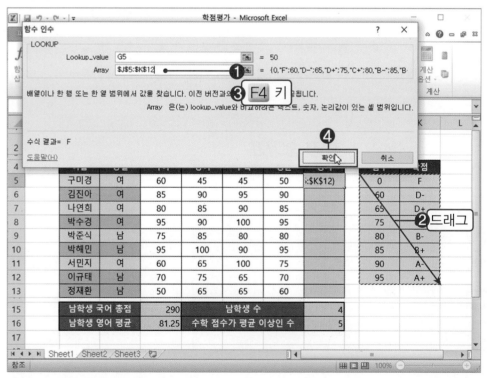

배움터 　Array는 배열에서 찾는 값과 비교하려는 셀 범위로, 반드시 '셀을 고정시킨다'는 의미의 절대 참조 값을 입력해야 합니다.

05 [H5] 셀에 학점이 'F'로 평가되어 표시됩니다.

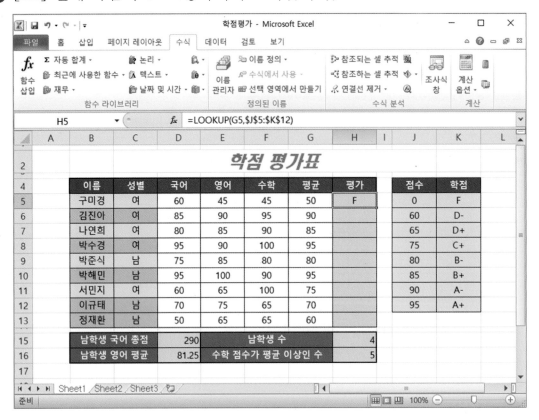

06 [H5] 셀의 채우기 핸들(┿)을 [H13] 셀까지 드래그하여 학점을 표시합니다.

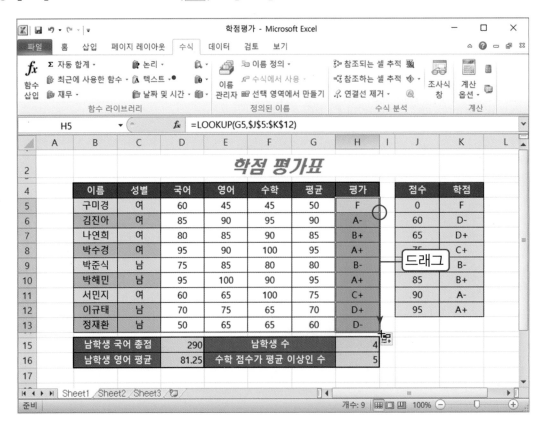

1 함수를 활용하여 [F11:F13] 셀에 각각 관리부의 외국어 총점, 대리 직급 사원들의 컴퓨터 평균, 교육부 소속의 직원수를 구해 봅니다.

예제파일 : 05_01.xlsx

이름	부서	직급	외국어	컴퓨터	직무	평균
구민정	관리부	대리	90	82	74	82
김도일	교육부	대리	40	56	45	47
신해성	영업부	과장	82	60	95	79
문영기	교육부	부장	84	74	91	83
이수민	영업부	대리	94	96	92	94
마영탁	관리부	과장	66	62	70	66
관리부 외국어 총점			156			
대리 컴퓨터 평균			78			
교육부 직원수			2			

사원 평가표

도움터
- [F11] 셀 : SUMIF 함수 사용
- [F12] 셀 : AVERAGEIF 함수 사용
- [F13] 셀 : COUNTIF 함수 사용

2 LOOKUP 함수를 활용하여 평균 점수에 따른 등급을 [I5:I10] 셀에 구해 봅니다.

예제파일 : 05_02.xlsx

사원 평가표

이름	부서	직급	외국어	컴퓨터	직무	평균	평가		기준	
									점수	등급
구민정	관리부	대리	90	82	74	82	B			
김도일	교육부	대리	40	56	45	47	D		0	D
신해성	영업부	과장	82	60	95	79	B		50	C
문영기	교육부	부장	84	74	91	83	B		70	B
이수민	영업부	대리	94	96	92	94	A		90	A
마영탁	관리부	과장	66	62	70	66	C			

도움터 **인수 선택** : lookup_value,array

06 제품별 판매 현황 알아보기

제품별 데이터 목록에서 조건에 맞는 판매량의 합계나 판매가격의 평균을 구하려면 DSUM 함수나 DAVERAGE 함수를 사용해야 합니다. 이 두 함수에 대해 살펴보며, 지정한 조건에 맞는 데이터베이스의 필드 값 중 가장 큰 수나 가장 작은 수까지 구할 수 있는 DMAX와 DMIN 함수까지 알아보겠습니다.

제품별 판매현황

번호	판매사원	제품명	판매량	단가	판매가격
1	이미경	부츠	30	72,000	2,160,000
2	문진경	플랫슈즈	12	43,200	518,400
3	이미경	웨지힐	8	24,000	192,000
4	조민건	샌들	41	55,250	2,265,250
5	노유진	모카신	25	13,500	337,500
6	진세영	모카신	16	13,500	216,000
7	이미경	웨지힐	25	24,000	600,000
8	조민건	부츠	13	72,000	936,000
9	민지영	부츠	21	72,000	1,512,000
10	김준수	플랫슈즈	19	43,200	820,800
11	문진경	샌들	6	55,250	331,500
12	이유민	웨지힐	16	24,000	384,000
13	진세영	모카신	34	13,500	459,000
14	조민건	웨지힐	7	24,000	168,000
15	노유진	샌들	46	55,250	2,541,500

판매사원	판매량의 합
조민건	61

제품명	판매가격의 평균
플랫슈즈	₩669,600

제품명	최대 판매 수량	최저 판매 수량
웨지힐	25	7

 무엇을 배울까요?

… DSUM 함수 활용하기   … DMAX 함수 활용하기
… DAVERAGE 함수 활용하기   … DMIN 함수 활용하기

예제파일 : 판매현황.xlsx

DSUM 함수로 특정 판매사원의 판매량 구하기

01 '**판매현황.xlsx**' 파일을 불러옵니다. 함수 마법사로 특정 사원의 판매량의 합계를 구하기 위해 [J5] 셀을 선택한 후, [수식] 탭–[함수 라이브러리] 그룹에서 [함수 삽입(fx)]을 클릭합니다.

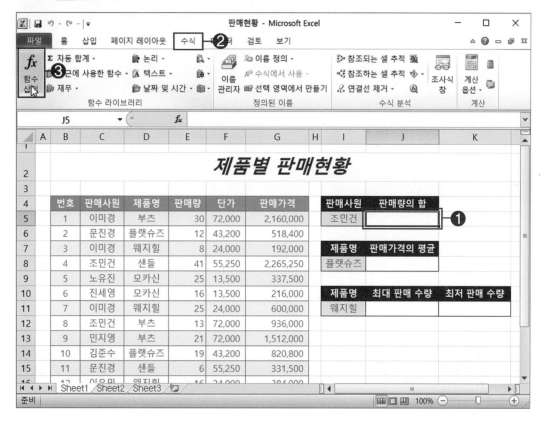

02 [함수 마법사] 대화상자의 [범주 선택]에서 '모두'를 선택한 후, [함수 선택]에서 'DSUM'을 선택하고 [확인] 단추를 클릭합니다.

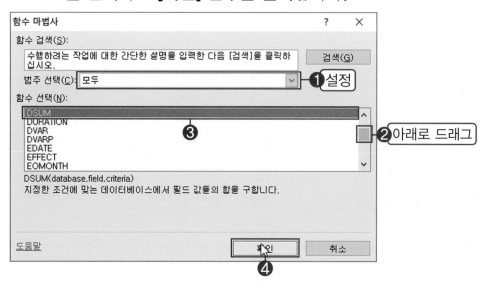

03 [함수 인수] 대화상자의 [Database]에 커서를 두고, **[B4:G19] 셀을 드래그**하여 전체 범위를 선택합니다.

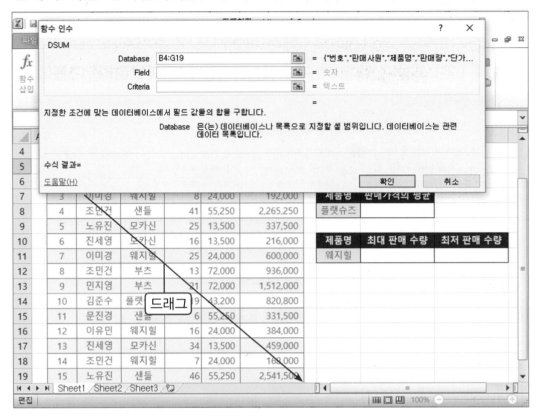

> **배움터** DSUM 함수는 데이터 목록에서 조건에 맞는 자료들의 합계를 나타내주는 함수입니다.
> * Database : 전체 데이터 범위
> * Field : 목록에서 열 위치를 나타내는 숫자나 열 레이블
> * Criteria : 찾는 조건이 있는 셀 범위

04 [함수 인수] 대화상자에서 **[Field]의 입력란을 클릭**한 후, 판매량은 네 번째 열이므로 **'4'라고 입력**합니다.

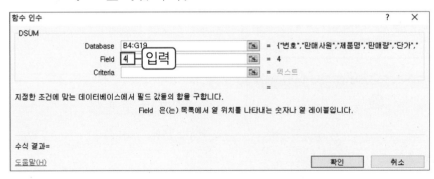

05 [함수 인수] 대화상자에서 [Criteria]의 **입력란을 클릭**한 후 찾는 조건에 해당하는 [I4:I5] **셀을 드래그**하여 범위를 선택하고 [확인] 단추를 클릭합니다.

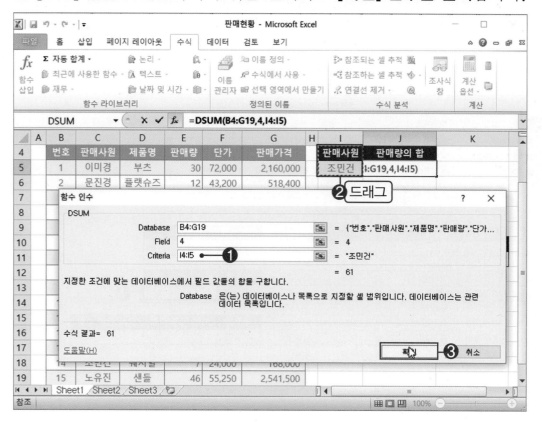

> **배움터** DSUM 함수에서 'Database' 인수는 셀 범위로, 첫 행은 각 열의 레이블입니다. 'Field' 인수로는 함수에 사용되는 열을 지정합니다. 열 레이블('Database'에서 지정된 셀 범위의 첫 행)을 큰 따옴표로 묶어 텍스트로 지정하거나 열 위치 번호로 지정할 수 있습니다. 'Criteria' 인수는 지정한 조건이 있는 셀 범위인데, 적어도 하나의 열 레이블과 열 레이블 아래에 열 조건을 지정할 셀이 하나 이상 포함된 범위가 있어야 합니다.

06 [J5] 셀에 '조민건' 판매사원의 판매량의 합계가 '61'로 표시됩니다.

	번호	판매사원	제품명	판매량	단가	판매가격		판매사원	판매량의 합	
5	1	이미경	부츠	30	72,000	2,160,000		조민건	61	
6	2	문진경	플랫슈즈	12	43,200	518,400				
7	3	이미경	웨지힐	8	24,000	192,000		제품명	판매가격의 평균	
8	4	조민건	샌들	41	55,250	2,265,250		플랫슈즈		
9	5	노유진	모카신	25	13,500	337,500				
10	6	진세영	모카신	16	13,500	216,000		제품명	최대 판매 수량	최저 판매 수량
11	7	이미경	웨지힐	25	24,000	600,000		웨지힐		
12	8	조민건	부츠	13	72,000	936,000				
13	9	민지영	부츠	21	72,000	1,512,000				
14	10	김준수	플랫슈즈	19	43,200	820,800				
15	11	문진경	샌들	6	55,250	331,500				
16	12	이유민	웨지힐	16	24,000	384,000				
17	13	진세영	모카신	34	13,500	459,000				
		민건	웨지힐			168,000				

01 함수 마법사로 특정 제품의 판매가격의 평균을 구하기 위해 [J8] 셀을 선택한 후, [수식] 탭-[함수 라이브러리] 그룹에서 [함수 삽입(*fx*)]을 클릭합니다.

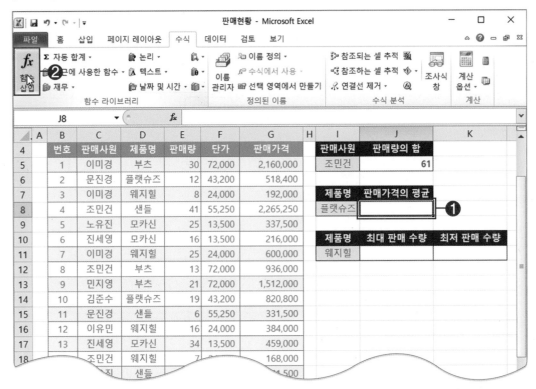

02 [함수 마법사] 대화상자의 [범주 선택]에서 '데이터베이스'를 선택한 후, [함수 선택]에서 'DAVERAGE'를 선택하고 [확인] 단추를 클릭합니다.

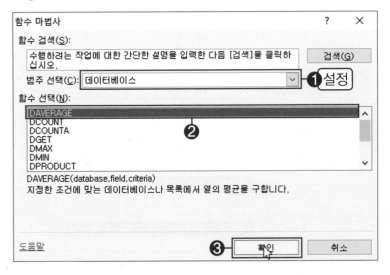

배움터 [함수 마법사] 대화상자의 [범주 선택]에서 '모두'를 선택하면 너무 많은 함수에서 DAVERAGE 함수를 찾아야 하므로, DAVERAGE 함수가 속하는 '데이터베이스'로 범주를 설정한 후 함수를 찾으면 조금 더 쉽게 찾을 수 있습니다.

03 [함수 인수] 대화상자의 [Database]에 커서를 두고, **[B4:G19] 셀을 드래그**하여 전체 범위를 선택합니다.

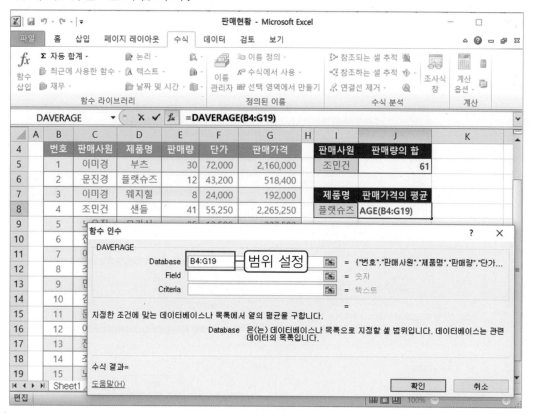

> **배움터** DAVERAGE 함수는 데이터 목록에서 조건에 맞는 자료들의 평균을 나타내 주는 함수로, 전체 데이터에서 조건에 맞는 것만 추려서 평균을 구합니다.
> • Database : 전체 데이터 범위
> • Field : 목록에서 열 위치를 나타내는 숫자나 열 레이블
> • Criteria : 찾는 조건이 있는 셀 범위

04 [함수 인수] 대화상자에서 **[Field]의 입력란을 클릭**한 후, 판매가격은 여섯 번째 열이므로 **'6'이라고 입력**합니다.

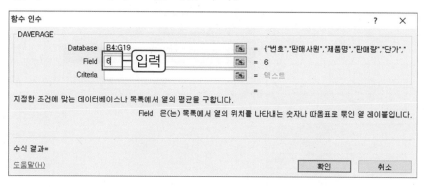

05 [함수 인수] 대화상자에서 [Criteria]의 입력란을 클릭한 후 찾는 조건에 해당하는 [I7:I8] 셀을 드래그하여 범위를 선택하고 [확인] 단추를 클릭합니다.

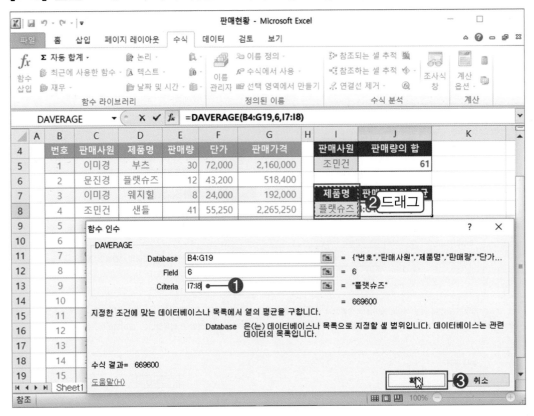

06 [J8] 셀에 플랫슈즈 판매가격의 평균값이 '669600'으로 표시됩니다.

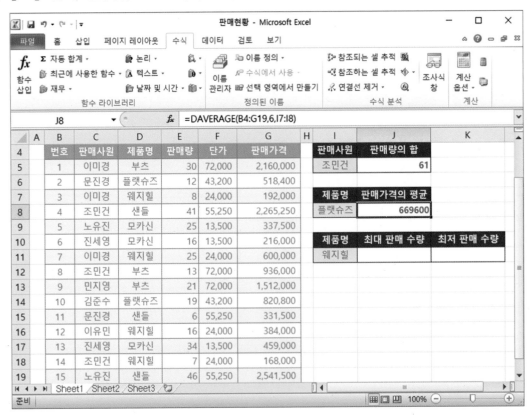

07 [홈] 탭–[표시 형식] 그룹에서 표시 형식을 [통화]로 선택합니다.

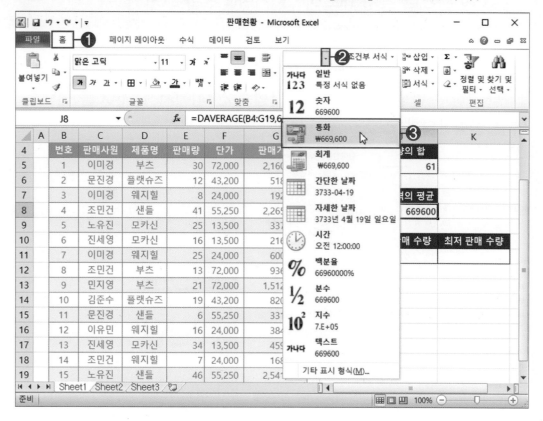

08 [J8] 셀의 숫자는 천 단위에 쉼표(,)가 표시되고, 통화 표시 'W'도 추가됩니다.

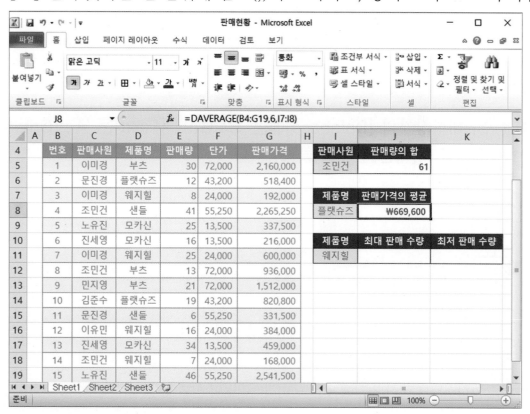

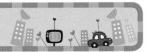

01 [J11] 셀을 선택한 후 [수식] 탭-[함수 라이브러리] 그룹에서 [함수 삽입(f_x)]을 클릭합니다. [함수 마법사] 대화상자의 [함수 선택]에서 'DMAX'를 선택하고 [확인] 단추를 클릭합니다.

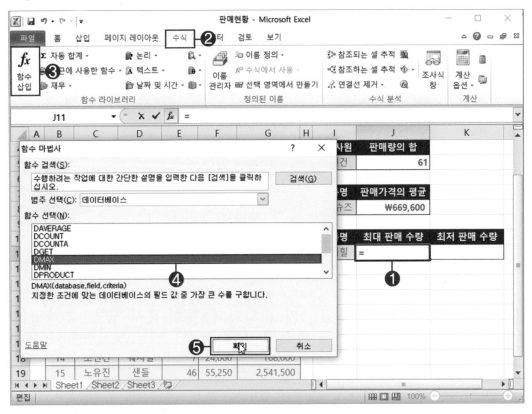

02 [함수 인수] 대화상자의 [Database]에는 'B4:G19', [Field]는 '4', [Criteria]는 'I10:I11'을 입력하고 [확인] 단추를 클릭합니다.

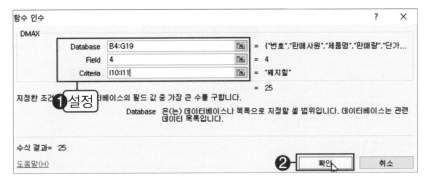

배움터 DMAX 함수는 지정한 조건에 맞는 데이터베이스의 필드 값 중 가장 큰 수를 구합니다.

03 [J11] 셀에 웨지힐 최대 판매 수량이 '25'로 표시됩니다.

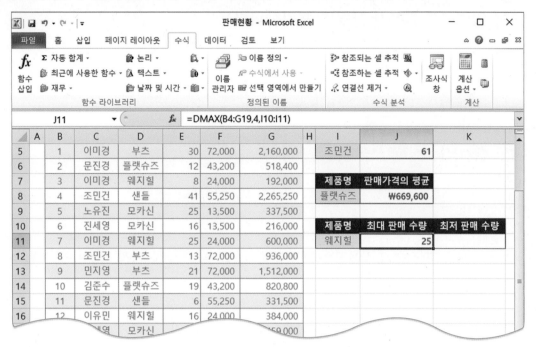

04 DMIN 함수로 특정 제품의 최소 판매 수량 구하기

01 [K11] 셀을 선택한 후, [수식] 탭-[함수 라이브러리] 그룹에서 [함수 삽입(*fx*)]을 클릭합니다. [함수 마법사] 대화상자의 [함수 선택]에서 'DMIN'을 선택하고 [확인] 단추를 클릭합니다.

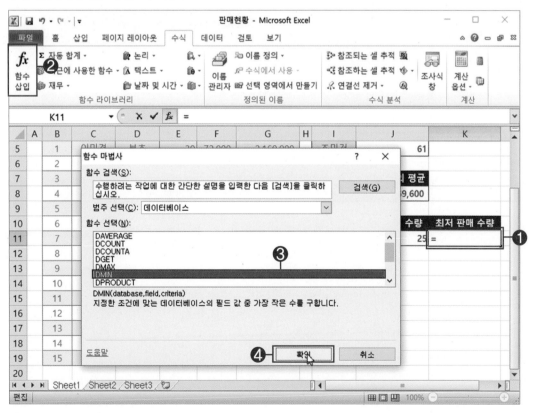

02 [함수 인수] 대화상자의 [Database]에는 'B4:G19', [Field]는 '4', [Criteria]는 'I10:I11'을 입력하고 [확인] 단추를 클릭합니다.

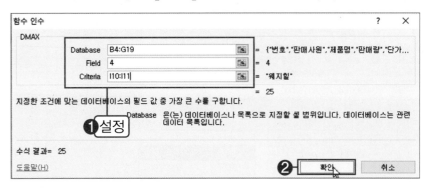

> **배움터** DMIN 함수는 지정한 조건에 맞는 데이터베이스의 필드 값 중 가장 작은 수를 구합니다.

03 [K11] 셀에 웨지힐 최저 판매 수량이 '7'로 표시됩니다.

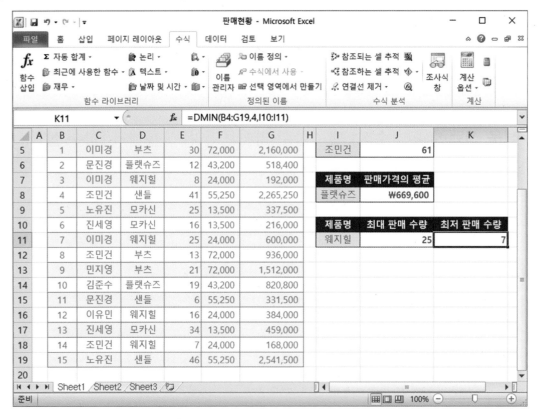

디딤돌학습

1 함수를 활용하여 [L8], [L9], [L10], [L11] 셀의 값을 각각 구해 봅니다.

예제파일 : 06_01.xlsx

도움터
- [L8] 셀 : DSUM 함수 사용
- [L9] 셀 : DAVERAGE 함수 사용
- [L10] 셀 : DMAX 함수 사용
- [L11] 셀 : DMIN 함수 사용

2 DSUM 함수를 사용하여 [K10] 셀에 검색 조건에 맞는 매출액을 구해 봅니다.

예제파일 : 06_02.xlsx

도움터
- DSUM 함수의 [Criteria] 입력란에 'H6:J8' 입력
- 같은 행에 있는 조건은 AND 조건이고, 다른 행은 OR 조건이므로 품목이 '데스크탑'이거나, 브랜드 '삼성'이면서 단가가 '70' 이상인 매출액의 합계를 구합니다.

07 회비 납부 현황 살펴보기

각 회원에 따라 납부 현황을 한 번에 자동으로 합계를 구하려면 부분합을 사용합니다. 부분합에서 정렬까지 해주지는 않기 때문에 먼저 회원 이름을 오름차순으로 정리한 후 부분합으로 합계까지 구하는 방법에 대해서 알아보겠습니다.

 무엇을 배울까요?

… 데이터를 정렬하는 방법 살펴보기   … 이동 옵션 활용하기
… 데이터 유효성 검사 활용하기   … 찾기 및 바꾸기
… 부분합 활용하기

 예제파일 : 회비납부.xlsx

데이터 정렬하기

01 '회비납부.xlsx' 파일을 불러옵니다. 데이터 중 아무 셀이나 하나를 선택한 후 [데이터] 탭-[정렬 및 필터] 그룹-[정렬]을 클릭합니다.

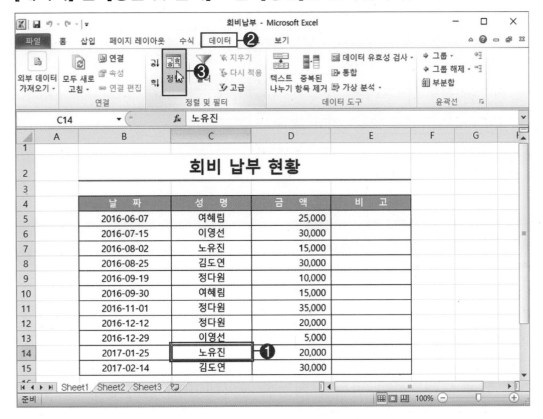

02 [정렬] 대화상자에서 [정렬 기준]을 '성명', '값', '오름차순'으로 설정한 후 [확인] 단추를 클릭합니다.

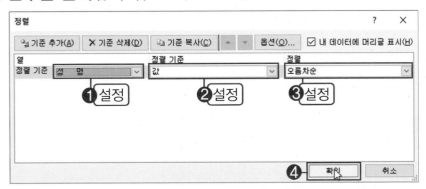

> **배움터** 개인별 합계를 구할 예정이므로 먼저 정렬 기준을 '성명'으로 설정하여 정렬합니다.

03 같은 성명끼리 오름차순으로 정렬되었습니다.

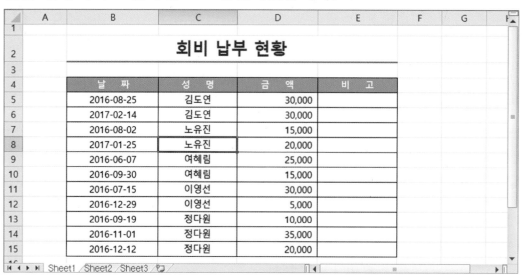

데이터 유효성 검사하기

01 셀 안에 데이터를 입력하지 않고 목록에서 선택할 수 있는 기능을 추가하기 위해 [G8:G9] 셀에 '인터넷뱅킹', '현금'을 각각 입력합니다.

02 [E5:E15] 셀을 드래그하여 범위를 지정한 후 [데이터] 탭-[데이터 도구] 그룹-[데이터 유효성 검사(📋)]를 클릭합니다.

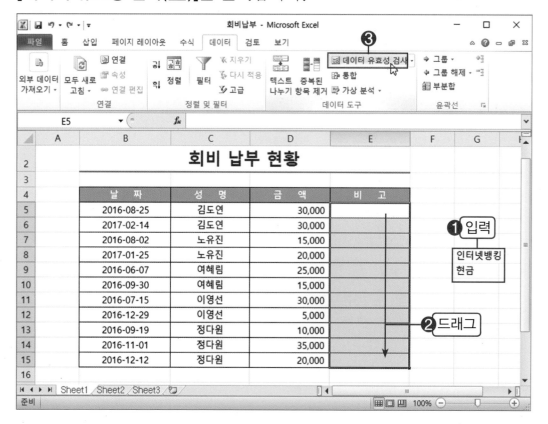

03 [데이터 유효성] 대화상자의 [설정] 탭에서 **[제한 대상]**을 '목록'으로 선택합니다.

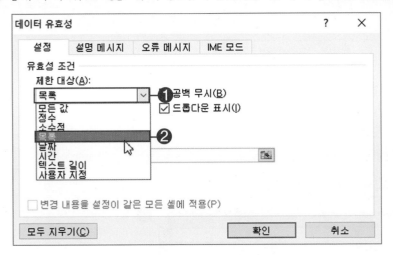

04 [데이터 유효성] 대화상자의 [설정] 탭에서 **[원본]**의 **입력란을 클릭**한 후, **[G8:G9] 셀을 드래그**하여 범위를 지정하고 **[확인] 단추를 클릭**합니다.

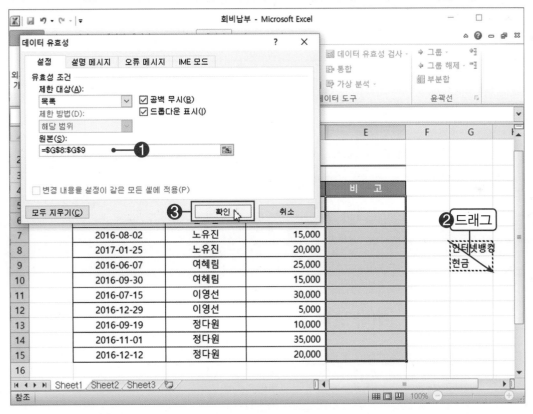

7	2016-08-02	노유진	15,000
8	2017-01-25	노유진	20,000
9	2016-06-07	여혜림	25,000
10	2016-09-30	여혜림	15,000
11	2016-07-15	이영선	30,000
12	2016-12-29	이영선	5,000
13	2016-09-19	정다원	10,000
14	2016-11-01	정다원	35,000
15	2016-12-12	정다원	20,000

배움터 데이터 유효성 검사를 사용하면 지정한 값의 드롭다운 목록에서 선택한 데이터가 입력되도록 할 수 있습니다. 셀에 입력하여 범위를 설정하여 목록을 추가할 수도 있고, [데이터 유효성] 대화상자의 [원본]에서 콤마(,)로 구분하여 목록을 작성하여 추가할 수도 있습니다.

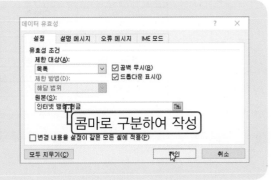

05 [E5] 셀을 클릭하면 목록 단추가 나타납니다. **목록 단추(▼)를 클릭하여 회비 납부 방법을 선택**합니다.

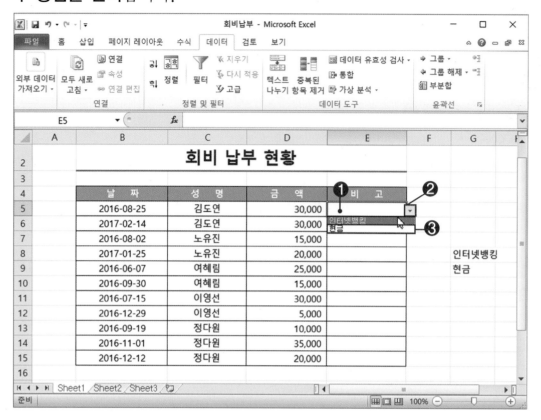

06 같은 방법으로 [E6] 셀부터 [E15] 셀까지 **회비 납부 방법을 선택**합니다.

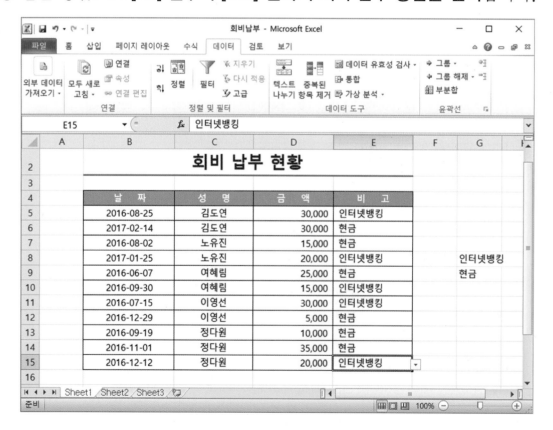

03 부분합 그룹별 합계 구하기

01 데이터 안의 임의의 셀이 선택된 상태에서 [데이터] 탭-[윤곽선] 그룹-[부분합]을
클릭합니다.

날 짜	성 명	금 액	비 고
2016-08-25	김도연	30,000	인터넷뱅킹
2017-02-14	김도연	30,000	현금
2016-08-02	노유진	15,000	현금
2017-01-25	노유진	20,000	인터넷뱅킹
2016-06-07	여혜림	25,000	현금
2016-09-30	여혜림	15,000	인터넷뱅킹
2016-07-15	이영선	30,000	인터넷뱅킹
2016-12-29	이영선	5,000	현금
2016-09-19	정다원	10,000	현금
2016-11-01	정다원	35,000	현금
2016-12-12	정다원	20,000	인터넷뱅킹

02 [부분합] 대화상자에서 [그룹화할 항목]은 '성명', [사용할 함수]는 '합계'로 설정
하고 [부분합 계산 항목]은 '금액'만 체크합니다. '새로운 값으로 대치', '데이터 아
래에 요약 표시'에도 체크하고 [확인] 단추를 클릭합니다.

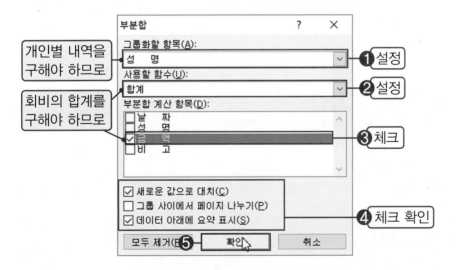

배움터 부분합은 정렬된 데이터 목록을 그룹화하여 합계나 평균 등을 함수로 요약하는 기능
입니다.

03 회원별로 회비 납부 금액의 합계가 자동으로 계산된 부분합이 완료되었습니다.

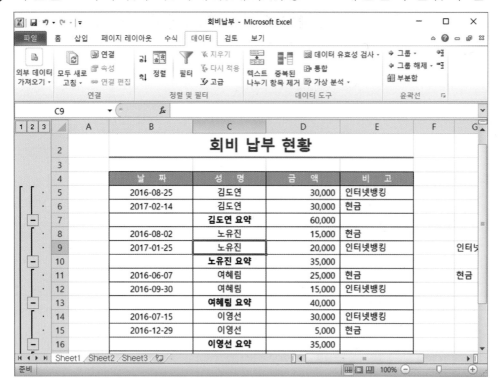

04 왼쪽 상단 수준 번호 중 2를 클릭하여 요약 데이터만 추출합니다. 다른 데이터
들은 모두 숨어 있고 요약 데이터만 추출되었습니다.

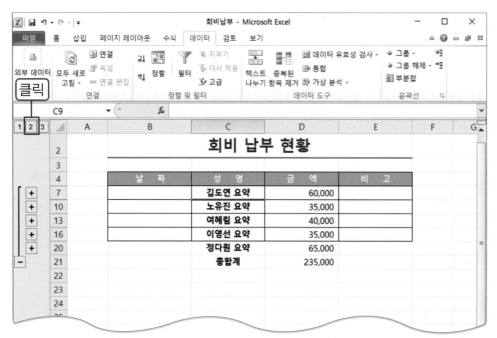

 • 윤곽 기호 중 워크시트 왼쪽 상단에 있는 수준 번호(1 2 3) 중 1 을 클릭하면 전
　　체 부분합만이 표시되고, 3 을 클릭하면 전체 데이터를 표시합니다. 수준 번호가 높
　　을수록 하위 수준을 표시합니다.
　　• 요약 행에 있는 + 를 클릭하면 숨겨진 하위 수준의 데이터를 표시하고, − 를 클릭
　　하면 하위 수준의 데이터를 숨깁니다.

04 이동 옵션을 활용하여 셀 복사하기

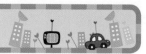

01 숨어 있는 셀은 제외하고 화면에 보이는 셀만 복사하기 위해 그림처럼 **성명과 금액에 해당하는 셀을 드래그**하여 범위를 선택한 후 **[홈] 탭–[편집] 그룹–[찾기 및 선택]–[이동 옵션]**을 선택합니다.

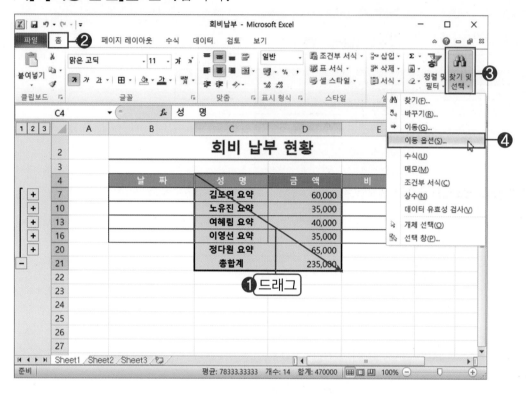

02 **[이동 옵션]** 대화상자에서 **[종류]**를 '화면에 보이는 셀만'으로 선택하고 **[확인]** 단추를 클릭합니다.

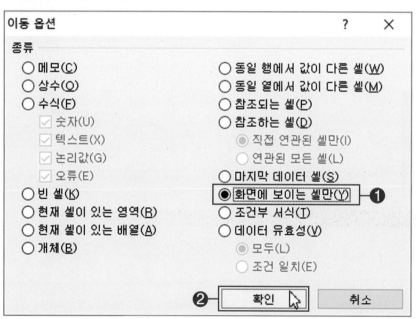

03 Ctrl+C 키를 눌러 숨어 있는 셀을 제외하고 화면에 보이는 셀만 복사합니다.

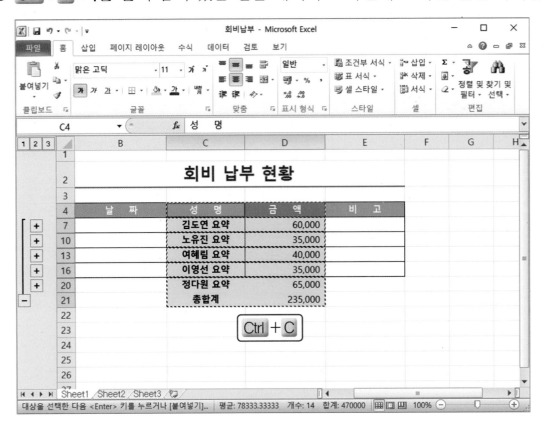

04 [Sheet2] 시트를 연 후 [B4] 셀을 선택하고 Ctrl+V 키를 눌러 붙여넣기 합니다.
화면에 보이는 셀만 붙여넣기 되었습니다.

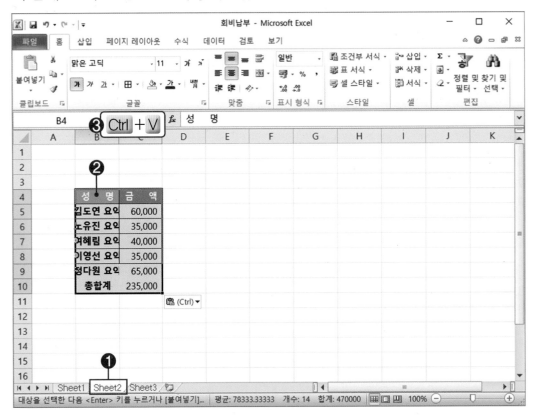

05 셀 편집으로 마무리하기

01 [B]와 [C]의 열 머리글을 드래그하여 선택한 후, **마우스 오른쪽 단추를 클릭**해 바로 가기 메뉴에서 **[열 너비]를 선택**합니다. [열 너비] 대화상자에 **'17.75'라고 입력**한 후 **[확인] 단추를 클릭**합니다.

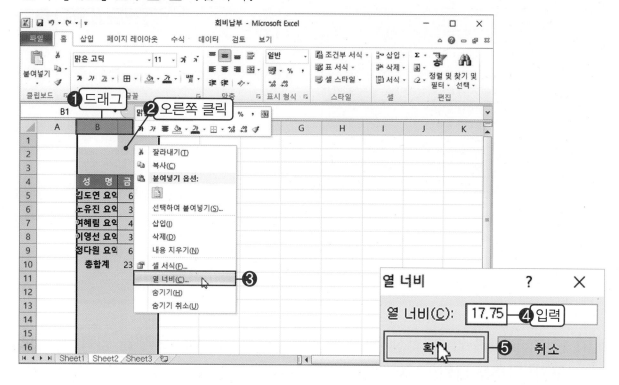

02 [B4:C10] 셀을 드래그하여 범위를 지정한 후, [홈] 탭-[글꼴] 그룹-[테두리(⊞)]의 펼침 단추(▼)를 클릭하여 [모든 테두리]를 선택합니다.

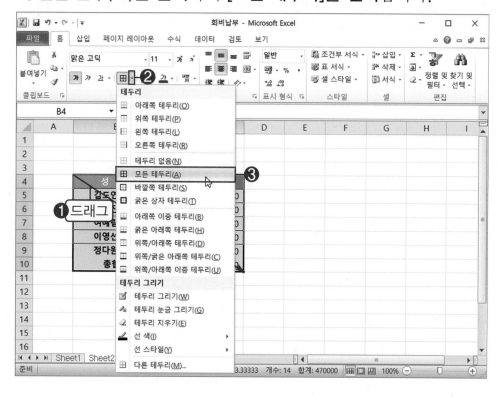

03 선택 영역에 모든 테두리가 표시된 후 [홈] 탭-[편집] 그룹에서 [찾기 및 선택]-[바꾸기]를 선택합니다.

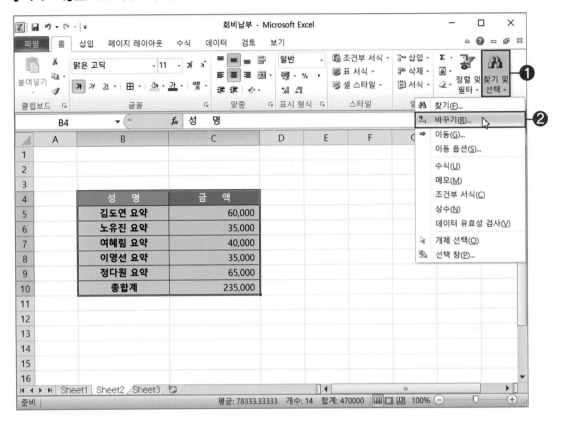

04 [찾기 및 바꾸기] 대화상자가 나타나면 [찾을 내용]에 '요약'을 입력하고 [모두 바꾸기] 단추를 클릭합니다.

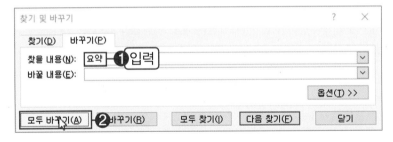

05 항목이 몇 번 바뀌었다는 알림이 나타나면 [확인] 단추를 클릭합니다.

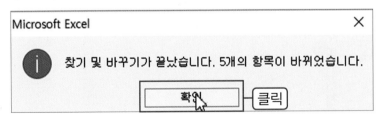

06 [찾기 및 바꾸기] 대화상자의 [닫기] 단추를 클릭합니다. '요약'이라는 텍스트가 한꺼번에 사라졌습니다.

07 [B2] 셀에 '회비 납입 현황'이라 입력합니다. [B2:C2] 셀을 드래그하여 범위를 지정한 후 [홈] 탭-[스타일] 그룹에서 [셀 스타일]-[제목 1]을 선택합니다.

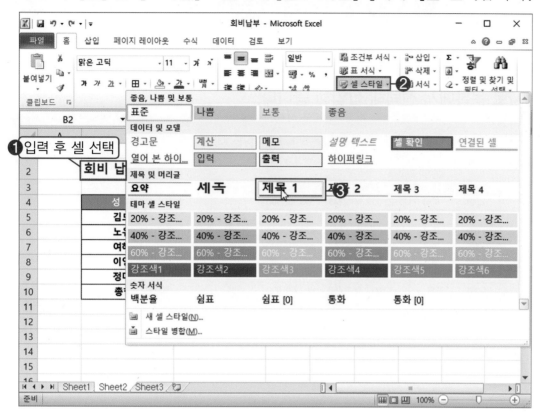

08 [홈] 탭-[맞춤] 그룹에서 [병합하고 가운데 맞춤(⊞)]을 클릭하고, [글꼴] 그룹에서 [글꼴 크기]를 [20]으로 설정합니다. 회비 납입 현황표가 완성되었습니다.

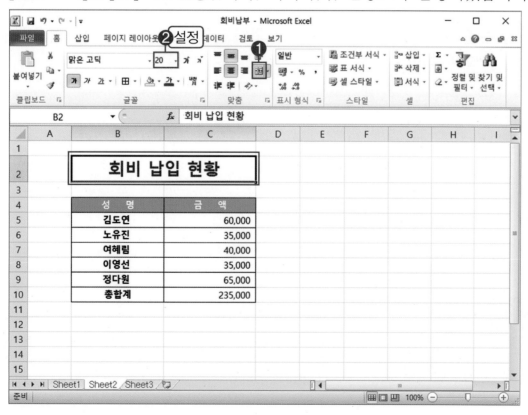

디딤돌학습

1 다음 그림처럼 '국가명'을 오름차순으로 정렬하고, '운송방법'은 데이터 유효성 검사로 목록에서 선택해 삽입해 봅니다.

예제파일 : 07_01.xlsx

	A	B	C	D	E	F	G	H	I
1									
2									
3		제품코드	국가명	주문량	단가	수출액	운송방법		
4		u-001	미국	2,500	₩ 1,345	₩3,362,500	항공		
5		u-114	미국	850	₩ 5,460	₩4,641,000	항공		
6		u-081	미국	4,500	₩ 2,360	₩10,620,000	선박		
7		u-403	미국	2,300	₩ 5,320	₩12,236,000	항공		
8		e-201	영국	1,300	₩ 1,890	₩2,457,000	선박		
9		e-478	영국	1,800	₩ 2,780	₩5,004,000	철도		항공
10		f-091	프랑스	1,100	₩ 2,480	₩2,728,000	선박		선박
11		f-304	프랑스	900	₩ 2,580	₩2,322,000	선박		철도
12									
13									

도움터

- **정렬** : 정렬 기준(국가명)
- **데이터 유효성 검사** : 제한 대상(목록)

2 국가별 수출액의 평균값을 부분합으로 구하고, 'Sheet2'에 국가별 평균 수출액표를 만들어 봅니다.

1 2 3		A	B	C	D	E	F	G
	1							
	2							
	3		제품코드	국가명	주문량	단가	수출액	운송방법
+	8			미국 평균			₩7,714,875	
+	11			영국 평균			₩3,730,500	
+	14			프랑스 평균			₩2,525,000	
-	15			전체 평균			₩5,421,313	
	16							
	17							

▲ Sheet1

	A	B	C
1			
2			
3		국가명	평균 수출액
4		미국	₩7,714,875
5		영국	₩3,730,500
6		프랑스	₩2,525,000
7		전체	₩5,421,313
8			
9			

▲ Sheet2

도움터

- **그룹화할 항목** : 국가명
- **사용할 함수** : 평균
- **부분합 계산 항목** : 수출액

08 자료 정리하기

방대한 데이터 중에서 필요한 조건에 맞는 데이터를 고급 필터를 사용하여 추출하는 방법에 대해서 알아보겠습니다. 복잡한 데이터를 신속하게 정렬하고 요약하여 피벗 테이블로 만들어 보고, 차트로도 만들어 보겠습니다.

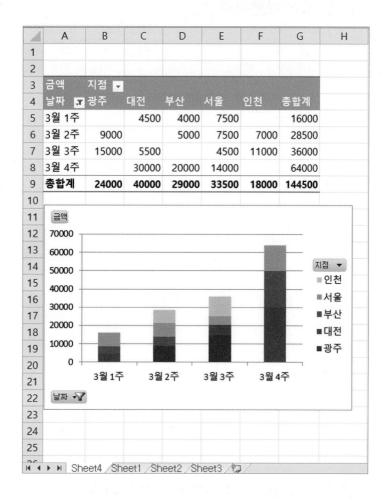

 무엇을 배울까요?

⋯→ 틀 고정하기   ⋯→ 피벗 테이블 활용하기
⋯→ 중복된 항목 제거하기   ⋯→ 피벗 차트 활용하기
⋯→ 고급 필터로 데이터 추출하기

틀 고정하고 중복 데이터 제거하기

01 '자료정리.xlsx' 파일을 불러옵니다. 틀 고정을 할 [B3] 셀을 선택한 후, [보기]
   탭-[창] 그룹-[틀 고정]-[틀 고정]을 선택합니다.

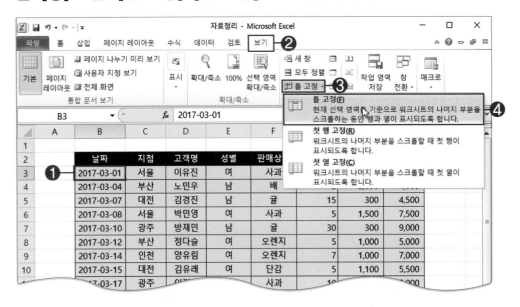

배움터 엑셀 시트에 데이터량이 많아서 한 화면으로 보기 어려울 때 특정 부분을 틀 고정하
면 스크롤하여도 특정 부분은 움직이지 않고 나머지 부분만 이동합니다. 선택한 셀의
위쪽과 왼쪽이 고정됩니다.

02 오른쪽의 **이동 막대를 아래쪽으로 드래그**하여도 선택한 셀 위쪽의 내용은 변하
   지 않고 항상 고정되어 있습니다.

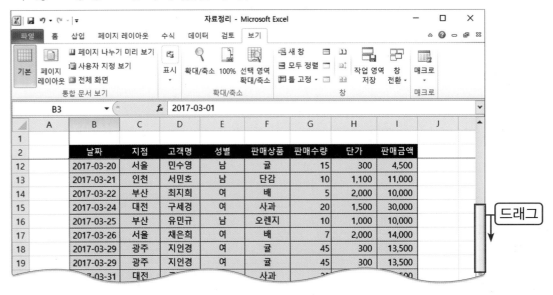

배움터 틀 고정을 취소하려면 [보기] 탭-[창] 그룹-[틀 고정]-[틀 고정 취소]를 클릭합니다.

03 데이터량이 많으면 일일이 중복 여부를 확인하기 어려우므로, 데이터에 셀 포인터가 위치한 상태에서 **[데이터] 탭–[데이터 도구] 그룹–[중복된 항목 제거]를 클릭**합니다.

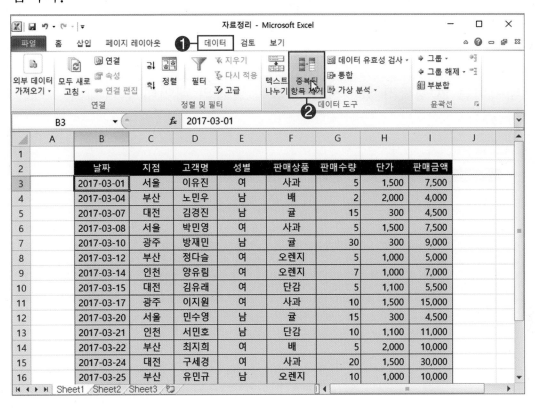

> 배움터 엑셀에서 데이터를 입력할 셀의 위치를 표시해주는 것을 '셀 포인터'라고 합니다.

04 [중복된 항목 제거] 대화상자에서 중복 값이 있는 열을 하나 이상 선택해야 하므로, **'날짜' 열만 선택**하고 **[확인] 단추를 클릭**합니다.

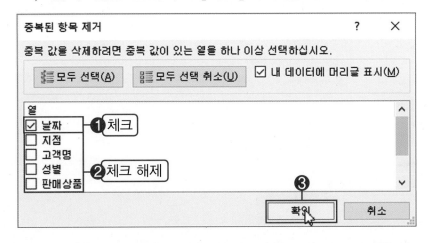

> 배움터 중복된 항목 제거에서는 설정한 열에서 중복된 항목이 있는지 확인한 후, 시트에서 중복된 행을 삭제합니다.

05 중복된 값을 제거했다는 알림이 나타나면 **[확인] 단추를 클릭**합니다.

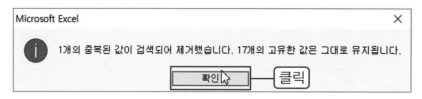

06 본래 데이터는 20행까지 있었지만 중복된 날짜의 데이터가 삭제된 후에는 19행이 되었습니다.

	A	B	C	D	E	F	G	H	I	J
1										
2		날짜	지점	고객명	성별	판매상품	판매수량	단가	판매금액	
9		2017-03-14	인천	양유림	여	오렌지	7	1,000	7,000	
10		2017-03-15	대전	김유래	여	단감	5	1,100	5,500	
11		2017-03-17	광주	이지원	여	사과	10	1,500	15,000	
12		2017-03-20	서울	민수영	남	귤	15	300	4,500	
13		2017-03-21	인천	서민호	남	단감	10	1,100	11,000	
14		2017-03-22	부산	최지희	여	배	5	2,000	10,000	
15		2017-03-24	대전	구세경	여	사과	20	1,500	30,000	
16		2017-03-25	부산	유민규	남	오렌지	10	1,000	10,000	
17		2017-03-26	서울	채은희	여	배	7	2,000	14,000	
18		2017-03-29	광주	지인경	여	귤	45	300	13,500	
19		2017-03-31	대전	공민석	여	사과	23	1,500	34,500	
20										
21										
22										

배움터 중복 값 찾기

중복 값을 제거하는 것이 아니라 찾고 표시하려면 중복 값이 있는지 확인하려는 열을 선택한 후 [홈] 탭–[스타일] 그룹–[조건부 서식]–[셀 강조 규칙]–[중복 값]을 클릭합니다. 나타나는 [중복 값] 대화상자에서 적용할 서식을 설정한 후 [확인] 단추를 클릭하면 중복 데이터에 설정한 서식이 나타납니다.

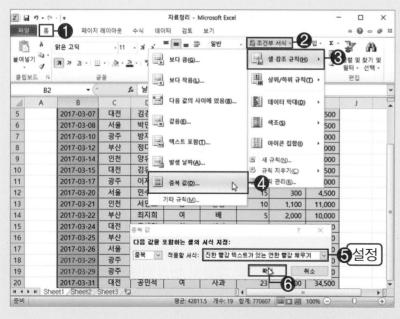

고급 필터로 데이터 추출하기

01 방대한 데이터에서 조건에 맞는 데이터만 추출하려면 고급 필터 기능을 사용해야 합니다. 먼저 **추출할 때 필요한 조건**을 그림처럼 셀에 **입력**합니다.

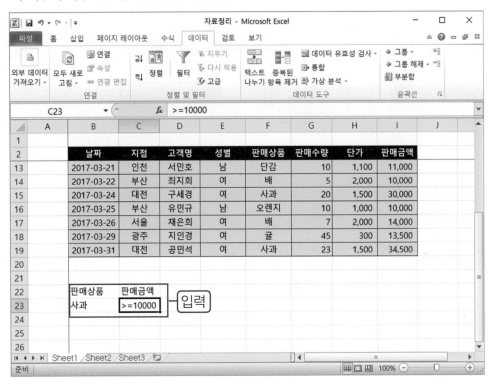

02 필터링할 데이터 안으로 셀 포인터를 이동한 후, [데이터] 탭-[정렬 및 필터] 그룹에서 [고급]을 클릭합니다.

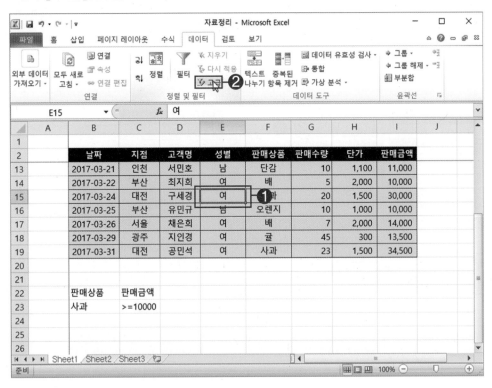

03 [고급 필터] 대화상자가 나타나면 [목록 범위]에 자동으로 범위가 설정되어 있는데, 그대로 둡니다.

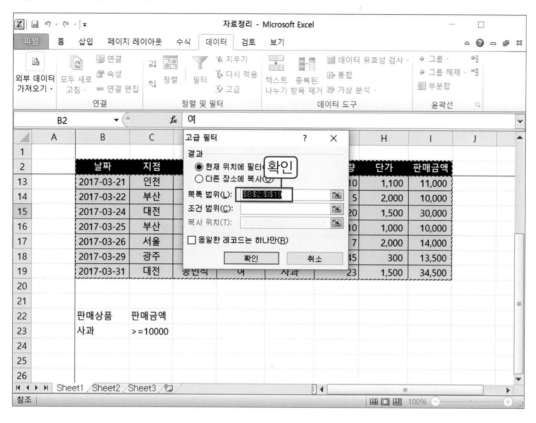

04 [고급 필터] 대화상자에서 [결과]는 '**다른 장소에 복사**'를 선택하고, [조건 범위]의 입력란을 클릭한 후 [B22:C23] 셀을 드래그합니다.

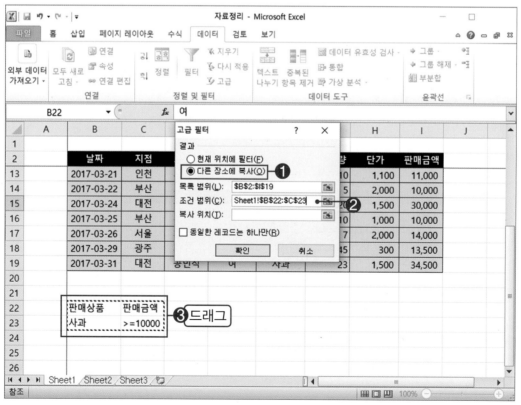

05 [고급 필터] 대화상자에서 **[복사 위치]의 입력란을 클릭**한 후 **[B25] 셀을 선택**하고 **[확인] 단추를 클릭**합니다.

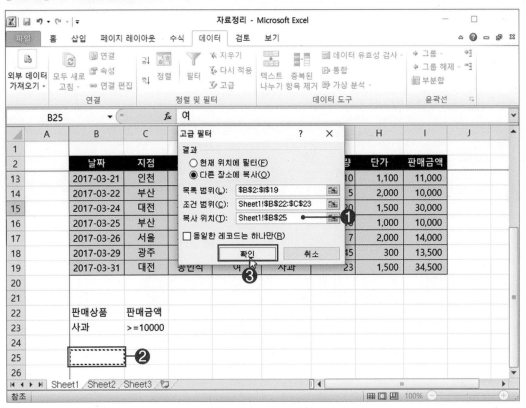

06 데이터에서 판매금액이 10,000원 이상인 사과 데이터만 추출되었습니다.

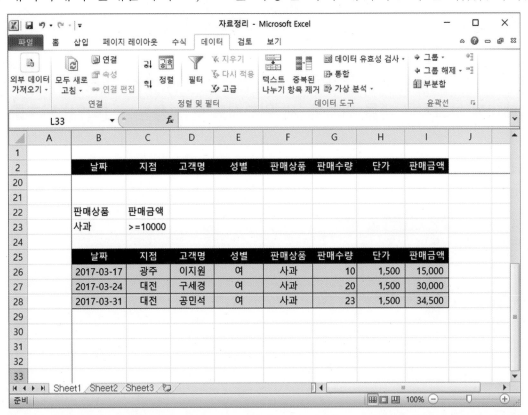

03 피벗 테이블 만들기

피벗 테이블 삽입하기

01 데이터에 셀 포인터가 위치한 상태에서 **[삽입] 탭–[표] 그룹–[피벗 테이블]–[피벗 테이블]을 선택**합니다.

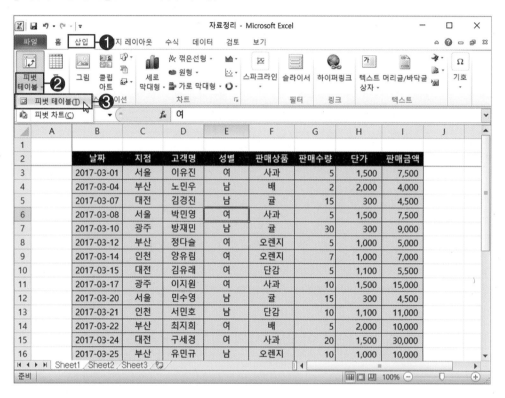

02 [피벗 테이블 만들기] 대화상자에서 [표/범위]는 자동으로 지정되어 있으므로, **피벗 테이블 보고서를 넣을 위치를 '새 워크시트'로 설정**한 후 **[확인] 단추를 클릭**합니다.

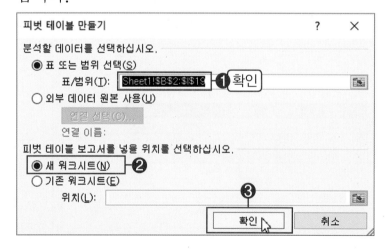

> **배움터** 피벗 테이블은 많은 양의 데이터를 사용자가 파악하기 쉽도록 데이터 목록에서 필요한 자료만 뽑아 데이터를 요약해서 보여 주는 기능입니다.

03 새로운 워크시트가 'Sheet4'로 삽입되었습니다. 오른쪽 상단의 [보고서에 추가할 필드 선택]에서 추가할 필드를 체크하면 자동으로 아래에 추가됩니다. '날짜'와 '지점'은 [행 레이블]로, '판매금액'은 [Σ 값]에 추가되고 그 결과는 피벗 테이블에 반영되어 나타납니다.

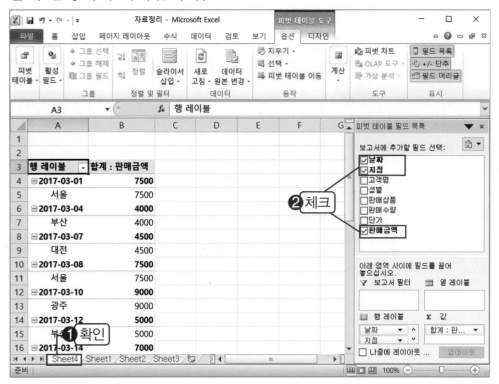

🖱 피벗 테이블의 데이터 그룹화하기

01 왼쪽에 날짜별로 지점의 판매금액 합계가 피벗 테이블로 표시되었습니다. [A4] 셀을 선택하고 [피벗 테이블 도구] 아래의 [옵션] 탭-[그룹] 그룹에서 [그룹 선택]을 클릭합니다.

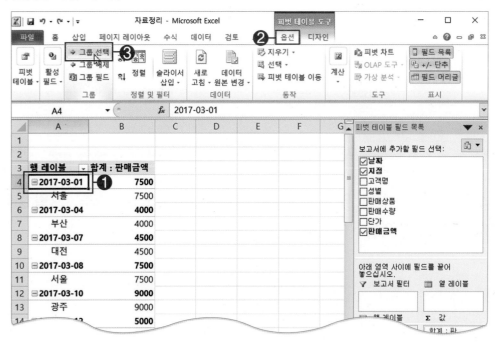

02 [그룹화] 대화상자의 [단위]에서 '일'을 선택하고, [날짜 수]는 '7'로 설정한 후 [확인] 단추를 클릭합니다.

03 날짜가 7일 단위로 그룹화되어 표시되었으므로, [A4] 셀을 클릭하여 '3월 1주'로 수정합니다.

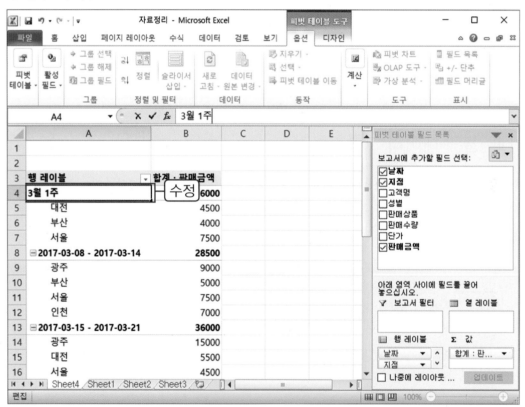

04 [A8] 셀, [A13] 셀, [A18] 셀, [A22] 셀들도 클릭하여 각각 '3월 2주', '3월 3주', '3월 4주', '3월 5주'로 수정합니다.

🖱 피벗 테이블 레이아웃 및 스타일 편집하기

01 피벗 테이블의 레이아웃을 변경하기 위해 [피벗 테이블 도구] 아래의 **[디자인]** 탭–
[레이아웃] 그룹에서 **[보고서 레이아웃]–[테이블 형식으로 표시]**를 선택합니다.

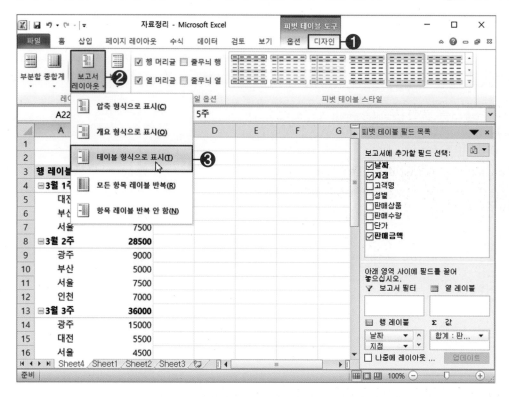

02 [피벗 테이블 도구] 아래의 **[디자인]** 탭–**[레이아웃]** 그룹에서 **[부분합]–[부분합
표시 안 함]**을 선택합니다.

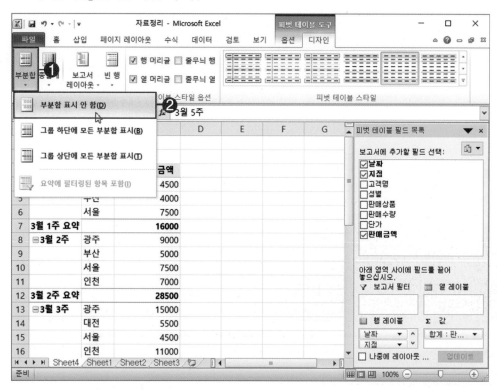

03 테이블 형식으로 변경되고, 요약과 부분합을 표시하지 않습니다. **[C3] 셀을 더블 클릭**하면 [값 필드 설정] 대화상자가 나타납니다. [값 필드 설정] 대화상자의 **[사용 자 지정 이름]을 '금액'으로 변경**한 후 **[확인] 단추를 클릭**합니다.

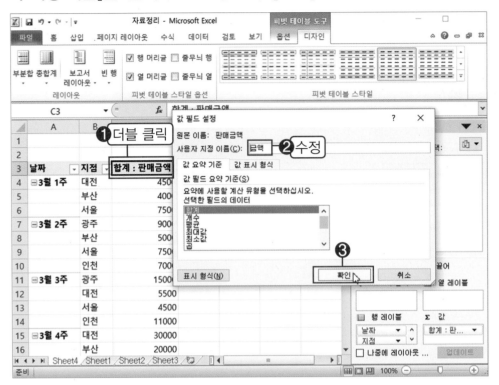

04 [피벗 테이블 도구] 아래의 **[디자인] 탭-[피벗 테이블 스타일]** 그룹에서 **[자세히 (⋮)]를 클릭**한 후, 갤러리 중 **[피벗 스타일 보통 13]을 선택**하여 스타일을 변경 합니다.

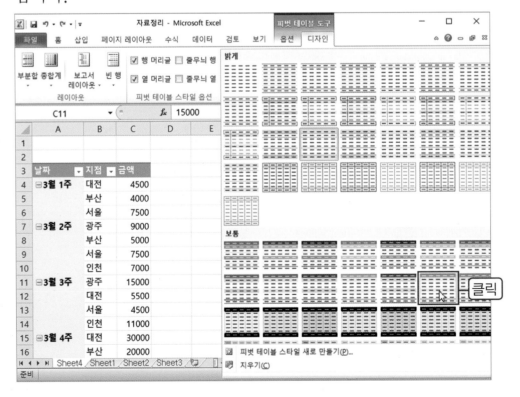

피벗 차트 만들기

01 피벗 테이블에 셀 포인터가 위치한 상태에서 [피벗 테이블 도구] 아래의 [옵션] 탭-[도구] 그룹에서 [피벗 차트]를 클릭합니다.

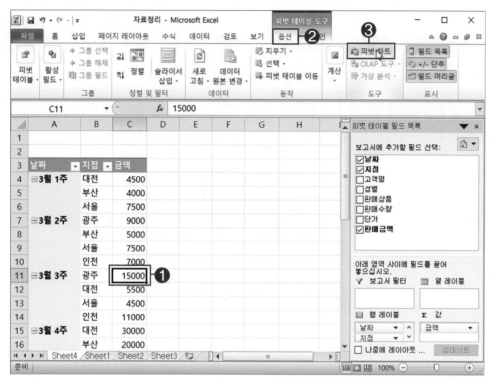

02 [차트 삽입] 대화상자에서 [세로 막대형]-[누적 세로 막대형]을 선택한 후 [확인] 단추를 클릭합니다.

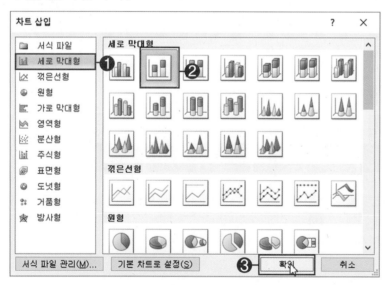

03 누적 세로 막대형 차트가 만들어졌지만 축 필드(항목)에만 필드가 몰려 있어서 보기 어렵습니다. 오른쪽 하단의 **[축 필드(항목)]**의 '지점' 필드를 **[범례 필드 (계열)]로 드래그**하여 옮깁니다.

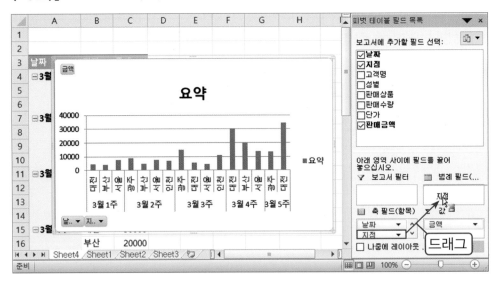

04 '지점'이 범례로 변경되면서 누적 세로 막대형 차트가 제대로 표시됩니다. 피벗 테이블의 '지점'이 열 레이블로 위치가 변경된 것을 확인합니다.

05 [피벗 차트 도구] 아래의 **[디자인] 탭-[차트 스타일] 그룹**에서 [자세히(▾)]를 클릭한 후, 갤러리 중 **[스타일 6]을 선택**하여 스타일을 변경합니다.

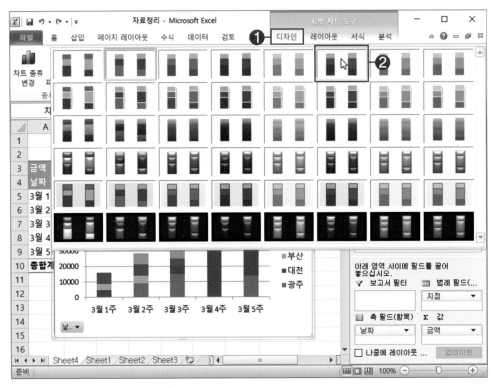

06 차트를 드래그하여 **피벗 테이블 아래로** 옮깁니다.

07 가로 축, 세로 축, 범례에 각각 필드 단추가 있어서 필드 단추를 클릭하면 원하는 데이터만 필터하여 차트를 변경할 수 있습니다. 여기서는 **[날짜] 필드 단추를 클릭**해 **'3월 5주'의 체크를 해제**하고 **[확인] 단추를 클릭**합니다.

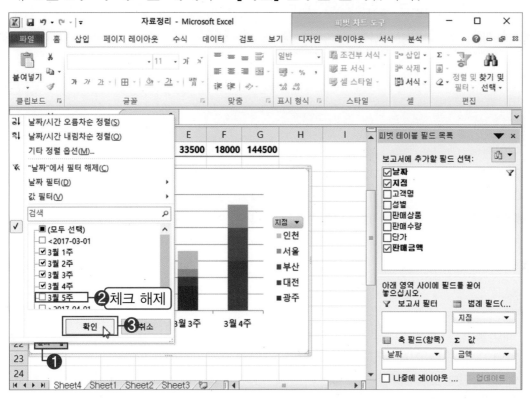

08 피벗 차트가 3월 5주를 제외한 차트로 변경되었습니다. 피벗 차트가 변경되면서 피벗 테이블에도 3월 5주가 제외되었습니다.

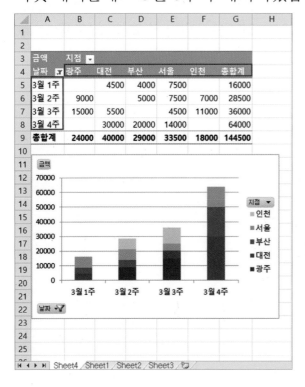

배움터

피벗 차트는 일반 차트와 달리 사용자가 보고 싶은 데이터만 필터하여 볼 수 있는 큰 장점이 있습니다.
일반 차트와 달리 리본 메뉴의 [피벗 차트 도구] 아래에 [분석] 탭이 추가되었습니다. [분석] 탭에서는 [필드 목록]이나 [필드 단추]를 표시하거나 숨길 수 있습니다.

1 [행 레이블]에 '학생명', [열 레이블]에 '과목', [값]은 '평균:점수'에 해당하는
피벗 테이블을 만들고, 스타일은 '피벗 스타일 보통 6'으로 설정해 봅니다.

예제파일 : 08_01.xlsx

	A	B	C	D	E	F
1						
2						
3	평균 : 점수	열 레이블 ▼				
4	행 레이블 ▼	국어	사회	수학	영어	총평균
5	구민정	80	88	80	88	84
6	김경진	72	50	66	100	72
7	이진영	94	90	70	64	79.5
8	총평균	82	76	72	84	78.5
9						

도움터

• **피벗 테이블** : 행 레이블(학생명), 열 레이블(과목), 값(점수)
• **[값] 영역의 값 필드 설정 변경 방법 : [평균 : 점수]**
 피벗 테이블 필드 목록의 [값] 영역에서 [합계:점수]를 클릭하여 [값 필드 설정]을 선택 →
 [값 필드 설정] 대화상자의 [값 필드 요약 기준]에서 '평균'을 선택
• 행 레이블 중 '총합계'를 '총평균'으로 수정

2 앞 문제에서 작성한 피벗 테이블을 활용하여 묶은 원통형 피벗 차트를 만들고,
차트 스타일 중 '스타일 34'로 설정해 봅니다.

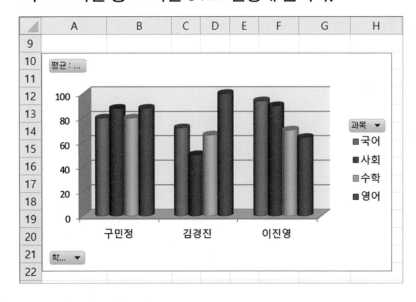

09 브라우저별 방문자 분포도 차트로 그리기

엑셀에서는 다양한 차트를 만들 수 있습니다. 이번에는 데이터를 활용하여 원형 차트를 만들고, 새 시트로 이동하는 방법에 대해서 알아보겠습니다. 차트를 입체적인 모양으로 꾸며 보고, 도형과 그림을 삽입하여 더 보기 좋게 꾸며 보겠습니다.

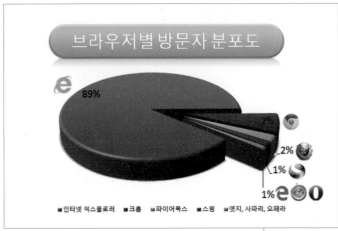

 무엇을 배울까요?

- ⋯ 3차원 쪼개진 원형 차트 만들기
- ⋯ 차트를 새 시트로 이동하기
- ⋯ 차트 스타일과 레이아웃 설정하기
- ⋯ 도형 삽입하기
- ⋯ 반사 효과 활용하기
- ⋯ 그림 삽입하기
- ⋯ 차트 종류 변경하기

차트 만들고 새 시트로 이동하기

01 '**차트.xlsx**' **파일**을 불러옵니다. 차트 종류 중 원형 차트를 만들기 위해 **[B5:C10]** 셀을 드래그하여 범위로 지정하고 **[삽입]** 탭–**[차트]** 그룹–**[원형]**을 클릭한 후, '**3차원 원형**'에서 **[3차원 쪼개진 원형]**을 선택합니다.

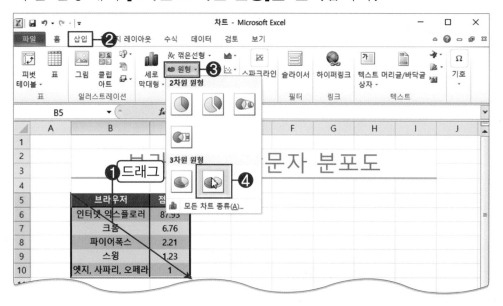

02 3차원 쪼개진 원형 차트가 삽입되면 **[차트 도구]** 아래의 **[디자인]** 탭–**[차트 레이아웃]** 그룹에서 **[빠른 레이아웃]**을 클릭한 후 갤러리에서 **[레이아웃 6]**을 선택합니다.

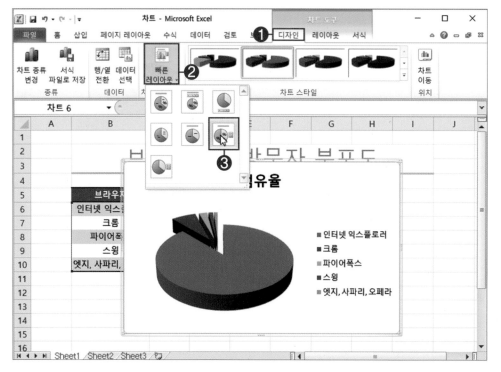

 빠른 레이아웃은 다음과 같은 모습으로 표시될 수도 있습니다. 이런 경우, [자세히(▼)]를 클릭하여 갤러리를 표시합니다.

03 데이터 레이블이 백분율로 표시되고, 지시선도 추가되어 표시됩니다.

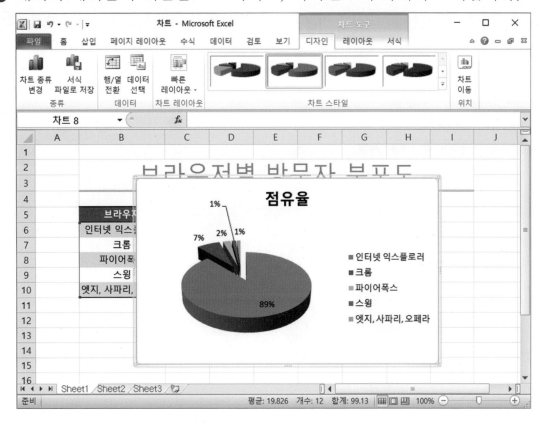

04 차트 스타일을 변경하기 위해 [차트 도구] 아래의 [디자인] 탭-[차트 스타일] 그룹에서 [자세히(▾)]를 클릭한 후 갤러리에서 [스타일 26]을 선택합니다.

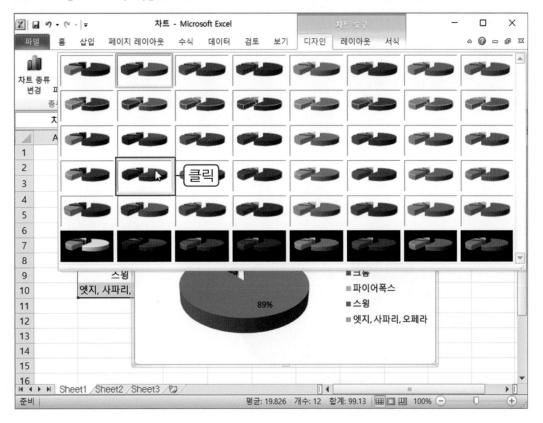

05 차트를 새 시트로 이동하기 위해 [차트 도구] 아래의 **[디자인] 탭–[위치] 그룹–**
[차트 이동]을 클릭한 후 [차트 이동] 대화상자에서 **'새 시트'**를 선택하고 **[확인]**
단추를 클릭합니다.

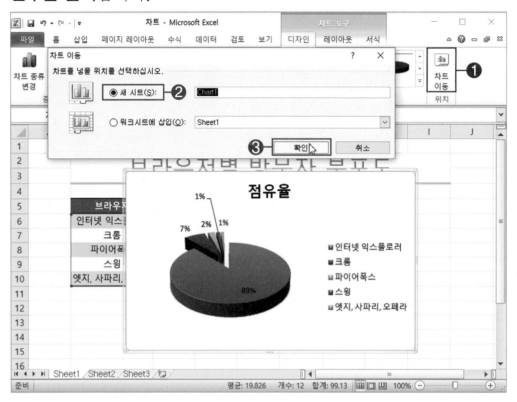

06 새 시트가 생성되고 차트가 이동하였습니다. 차트의 윤곽선을 없애기 위해 [차
트 도구] 아래의 **[서식] 탭–[도형 스타일] 그룹–[도형 윤곽선]–[윤곽선 없음]**을
선택합니다.

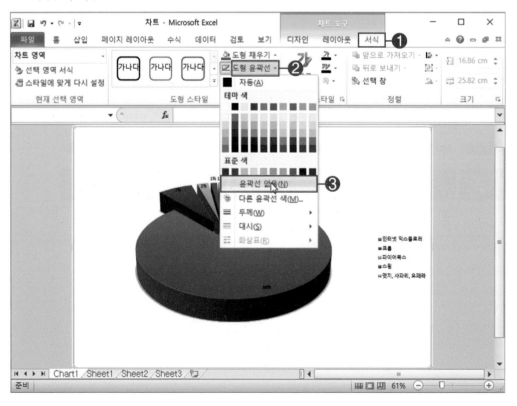

차트 레이아웃과 서식 변경하기

01 차트의 제목을 없애기 위해 [차트 도구] 아래의 **[레이아웃] 탭-[레이블] 그룹-[차트 제목]-[없음]**을 선택합니다.

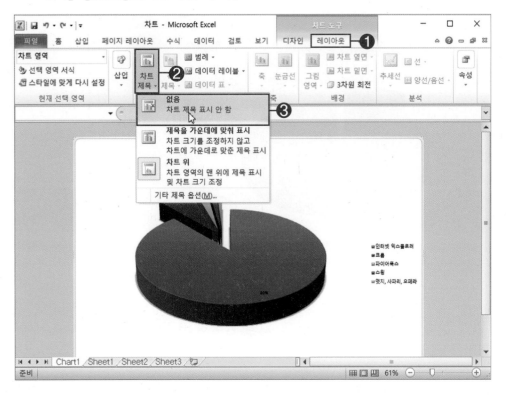

02 범례의 위치를 변경하기 위해 [차트 도구] 아래의 **[레이아웃] 탭-[레이블] 그룹-[범례]-[아래쪽에 범례 표시]**를 선택합니다.

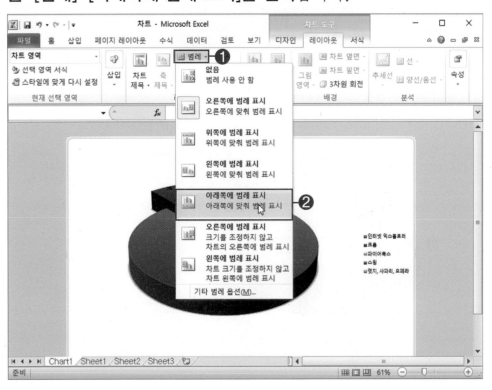

03 그림 영역을 선택한 후 크기 조절점을 드래그하여 그림 영역을 작게 조절합니다.

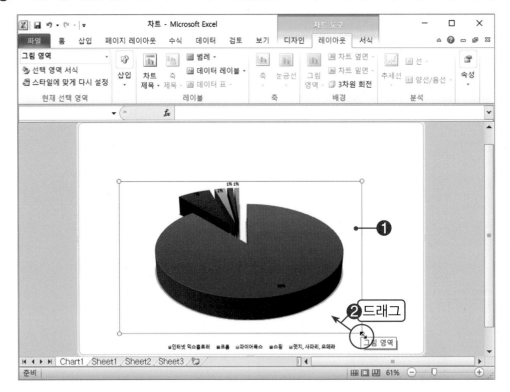

> **배움터** 차트 영역 전체 크기를 조절하지 않고, 그림 영역의 크기를 조절하면 차트 제목이나 범례 크기를 제외하고 조절됩니다.

04 원형 차트 조각을 클릭하고 [차트 도구] 아래의 [서식] 탭-[도형 스타일] 그룹-[도형 효과]-[3차원 회전]-[3차원 회전 옵션]을 선택합니다.

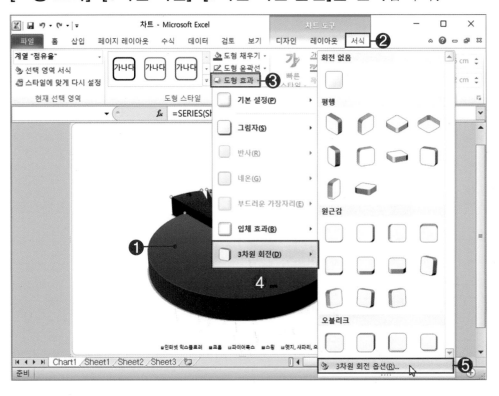

05 [데이터 계열 서식] 대화상자에서 [계열 옵션]의 **[첫째 조각의 각]**에는 '130'을 입력하고, **[쪼개진 원형]**에는 '20'을 입력합니다.

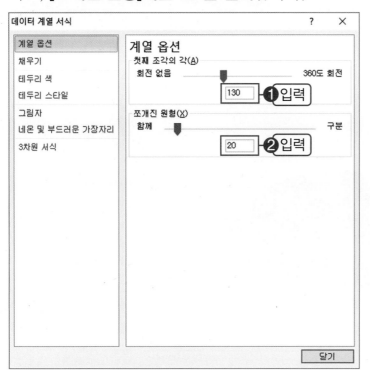

06 [3차원 서식] 항목을 클릭하고, [입체 효과]의 [위쪽]에서 [너비]와 [높이]를 각각 '20pt'로 설정한 후 **[닫기]** 단추를 클릭합니다. 원형 차트의 3차원 회전, 입체 효과, 쪼개진 범위 등이 변경됩니다.

07 데이터 레이블을 선택하고, [홈] 탭-[글꼴] 그룹의 [글꼴 크기]를 [22]로 설정합니다.

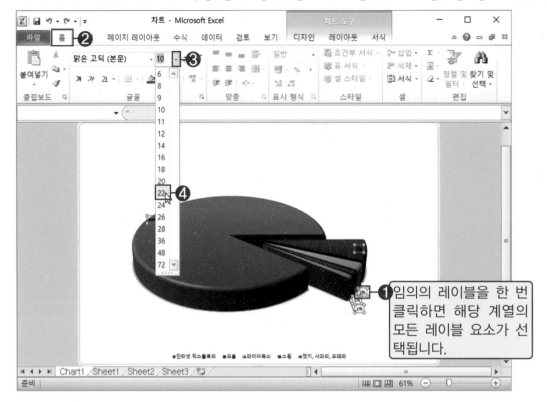

임의의 레이블을 한 번 클릭하면 해당 계열의 모든 레이블 요소가 선택됩니다.

08 범례를 선택하고, [홈] 탭-[글꼴] 그룹의 [글꼴 크기]를 [14]로 설정합니다.

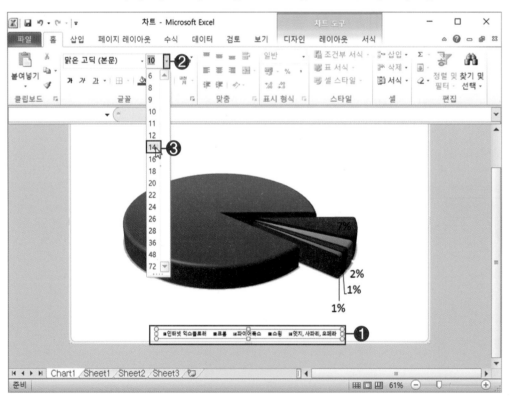

01 [차트 도구] 아래의 [레이아웃] 탭-[삽입] 그룹-[도형(⬚)]을 클릭한 후 갤러리에서 [모서리가 둥근 직사각형(◻)]을 선택합니다.

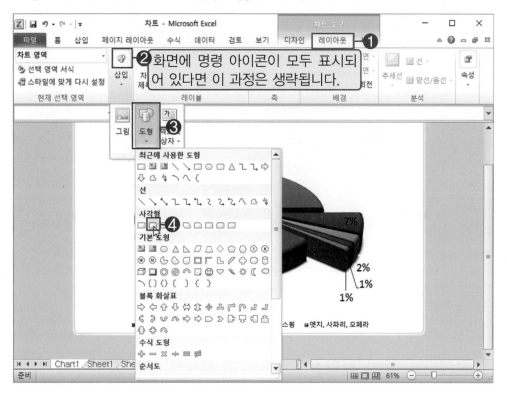

02 차트 위 빈 공간에서 **드래그**하여 모서리가 둥근 직사각형을 그립니다.

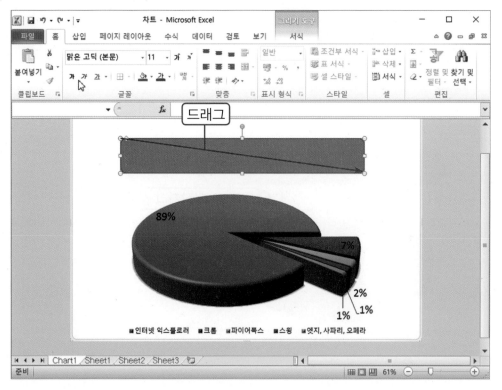

03 모서리가 둥근 직사각형의 **모양 조절 핸들(◇)을 오른쪽으로 드래그**하여 모서리를 둥글게 만듭니다.

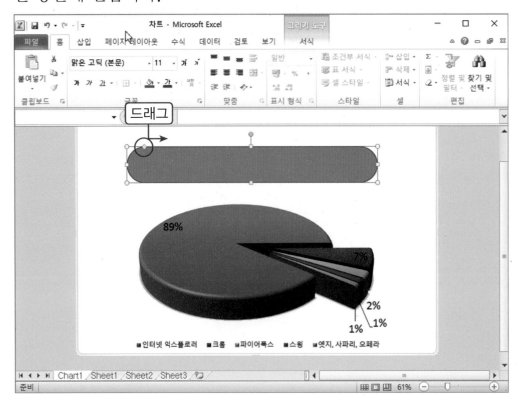

04 모서리가 둥근 직사각형에 '**브라우저별 방문자 분포도**'라고 **입력**한 후 도형을 선택합니다. [**홈**] **탭–**[**글꼴**] **그룹**에서 [**글꼴 크기**]를 [**36**], [**맞춤**] **그룹**에서 [**가운데 맞춤(▤)**]과 [**가운데 맞춤(▥)**]을 **클릭**하여 텍스트 정렬을 합니다.

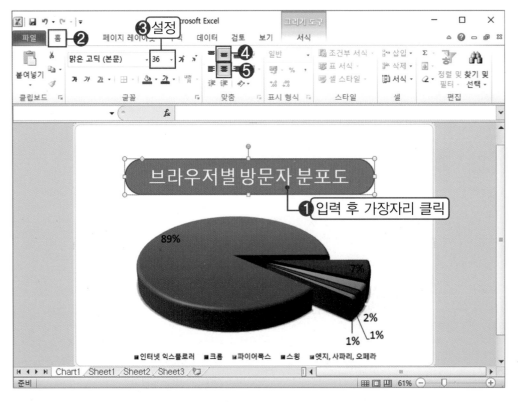

05 [그리기 도구] 아래의 [서식] 탭-[도형 스타일] 그룹에서 [자세히(▼)]를 클릭한 후 갤러리에서 [강한 효과-황록색, 강조색 3]을 선택합니다.

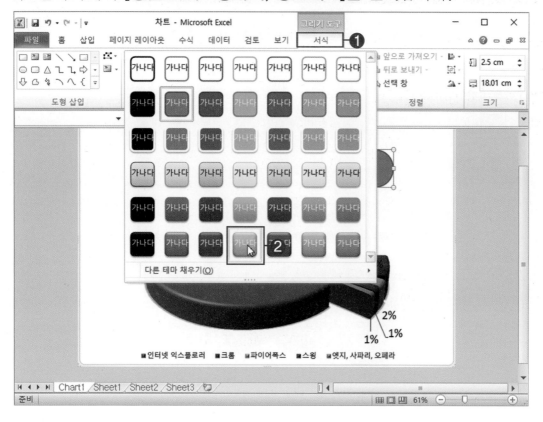

06 [그리기 도구] 아래의 [서식] 탭-[도형 스타일] 그룹-[도형 효과]를 클릭한 후, [반사]에서 '반사 변형'의 [근접 반사, 터치]를 선택합니다.

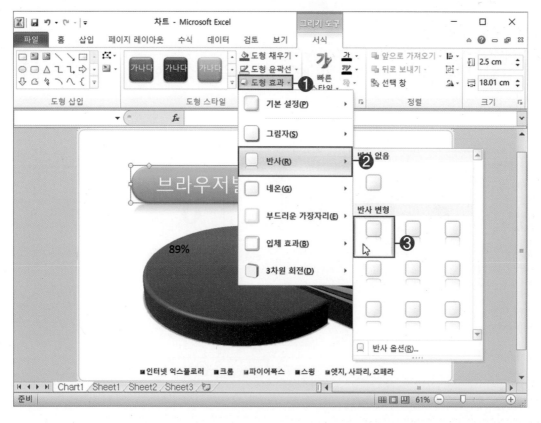

01 [삽입] 탭–[일러스트레이션] 그룹–[그림]을 클릭합니다.

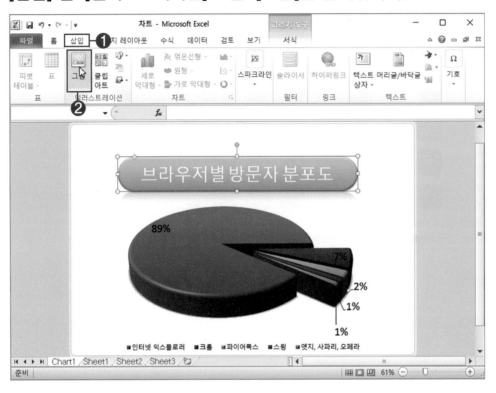

> **배움터** 차트를 선택한 상태에서는 [차트 도구] 아래의 [레이아웃] 탭–[삽입] 그룹–[그림]을
> 클릭하여 그림을 불러올 수 있습니다.

02 [그림 삽입] 대화상자가 나타나면 **'ie.png' 파일을 선택**한 후, [삽입] 단추를 클릭
합니다.

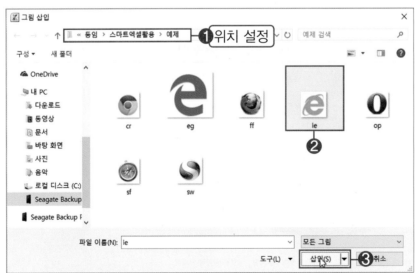

03 '인터넷 익스플로러' 조각 옆으로 삽입한 **그림을 이동**한 다음, **크기 조절점을 드래그**하여 조절합니다.

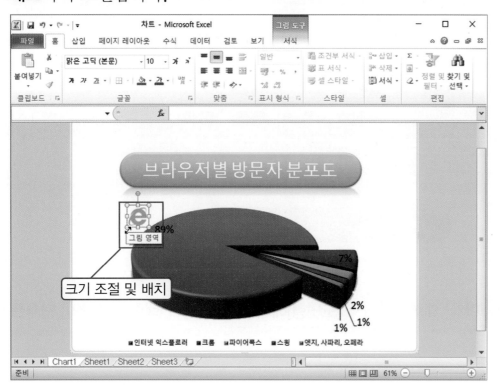

04 나머지 아이콘 그림들도 가져와서 **배치**하고 **크기를 조절**합니다.

05 레이블 중 하나를 **클릭**하여 전체 레이블을 선택합니다. '**2%**' 레이블을 **클릭**한 후 **드래그**하여 아이콘 그림과 어울리게 위치를 조정합니다. 같은 방법으로 '**1%**' 레이블의 위치도 조정합니다.

차트 종류 변경하기

01 [차트 도구] 아래의 **[디자인]** 탭-**[종류]** 그룹-**[차트 종류 변경]**을 클릭합니다.

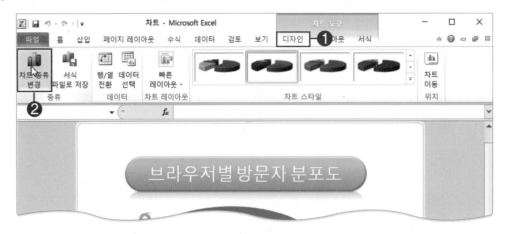

02 [차트 종류 변경] 대화상자에서 **[도넛형]**에서 **[도넛형]**을 선택한 후 **[확인]** 단추를 클릭합니다.

03 차트 스타일을 변경하기 위해 [차트 도구] 아래의 **[디자인]** 탭-**[차트 스타일]** 그룹에서 **[자세히(⬇)]**를 클릭한 후 갤러리에서 **[스타일 23]**을 선택합니다.

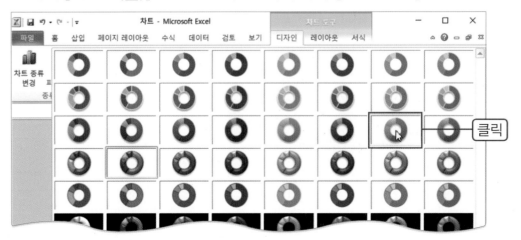

04 [차트 도구] 아래의 [레이아웃] 탭-[레이블] 그룹-[범례]에서 [오른쪽에 범례 표시]를 선택합니다.

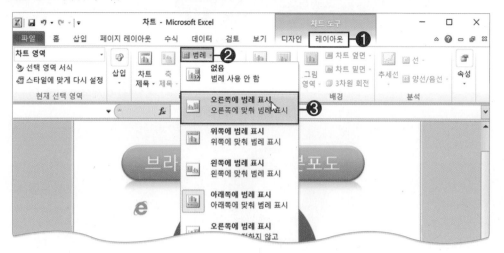

05 데이터 레이블을 선택하고, [홈] 탭-[글꼴] 그룹의 [글꼴 크기]를 [16]으로 설정합니다.

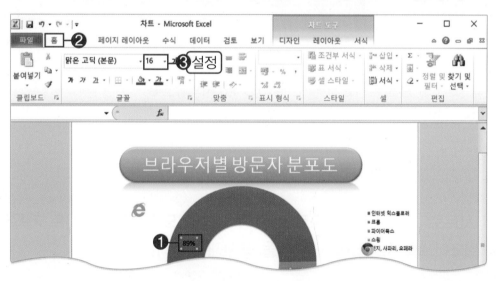

06 그림처럼 **아이콘 그림들을 드래그**하여 배치하고, **각 데이터 레이블도 드래그**하여 아이콘 그림과 어울리게 배치합니다.

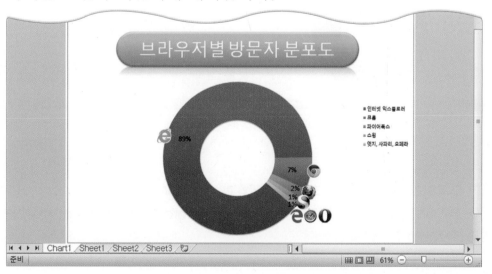

![디딤돌학습]

1 다음 그림처럼 '3월' 매출을 도넛 차트로 만들어 봅니다.

🔵 예제파일 : 09_01.xlsx

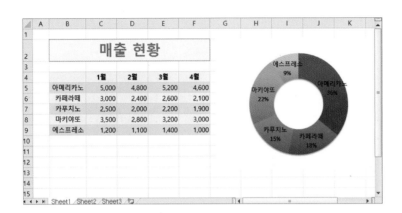

도움터

- [B4:B9] 셀과 [E4:E9] 셀을 범위를 선택한 후 [도넛형] 차트 선택
- **빠른 레이아웃** : '레이아웃 1' 선택
- **차트 제목** : 없음
- **차트 스타일** : 스타일 24

2 차트를 새 시트로 이동한 후 '가로로 말린 두루마리 모양' 도형에 차트 제목을 입력하고, 워드아트를 사용하여 해당 월을 표시해 봅니다.

도움터

- '가로로 말린 두루마리 모양' 도형 스타일 : '미세효과 – 황록색, 강조 3'
- **워드아트** : 차트 영역 선택 후 [삽입] 탭–[텍스트] 그룹–[WordArt]–[그라데이션 채우기– 주황, 강조 6, 안쪽 그림자] 선택

10 명함 만들기

도형, 클립 아트, 기호 등을 사용하여 명함을 만들어 보고, 여러 개체를 복사하고 선택하여 붙여넣기하는 방법에 대해서도 알아보겠습니다. 만든 작품을 한 페이지에 넣어서 인쇄하는 방법에 대해서도 알아보겠습니다.

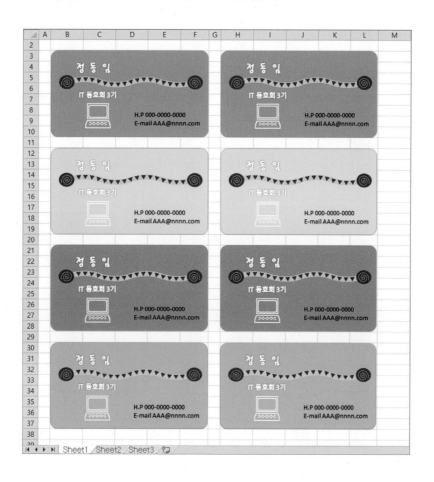

 무엇을 배울까요?

… 워드아트 삽입하기   … 수평, 수직 복사하기
… 클립 아트 삽입하기   … 개체 선택하기
… 텍스트 상자 삽입하기   … 그룹화 하기
… 기호 삽입하기   … 인쇄하기

01 엑셀 2010을 실행합니다. 새 문서(빈 문서)가 열리면 **[A] 열 머리글을 선택**한 후 **마우스 오른쪽 단추를 클릭**해 바로 가기 메뉴에서 **[열 너비]를 선택**합니다. [열 너비] 대화상자에 **'1.5'를 입력**하고 **[확인] 단추를 클릭**합니다.

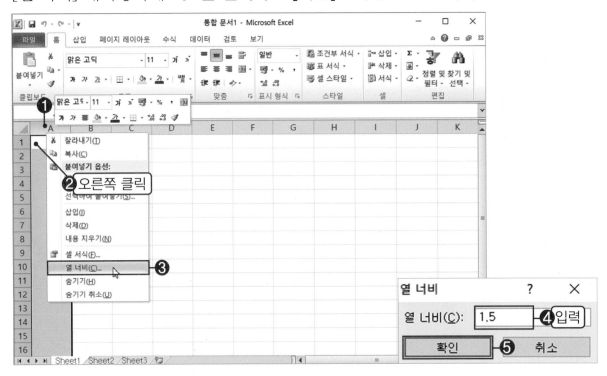

02 **[F] 열 머리글을 선택**한 후 **마우스 오른쪽 단추를 클릭**해 바로 가기 메뉴에서 **[열 너비]를 선택**합니다. [열 너비] 대화상자에 **'7'을 입력**하고 **[확인] 단추를 클릭**합니다.

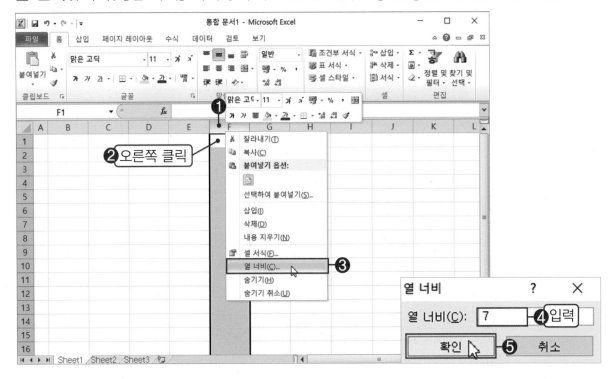

03 [A] 열부터 [F] 열 머리글을 드래그하여 선택한 후, [홈] 탭–[클립보드] 그룹–
[복사(🗐)]를 선택합니다.

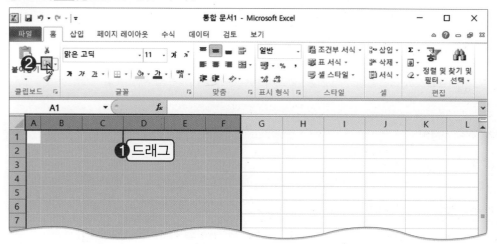

04 [G1] 셀을 선택한 후 [홈] 탭–[클립보드] 그룹–[붙여넣기]–[원본 열 너비 유지(🖼)]
를 선택합니다. 열 너비를 유지하며 붙여넣기가 되면 Ctrl+D 키 또는 Esc 키를
눌러 선택을 해제합니다.

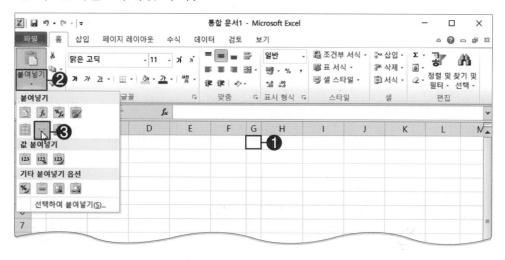

배움터   [홈] 탭–[클립보드] 그룹–[붙여넣기]–[선택하여 붙여넣기]를 클릭한 후 [선택하여 붙여
넣기] 대화상자에서 값, 서식, 수식 또는 열 너비만 선택하여 붙여넣기 할 수 있습니다.

05 [삽입] 탭–[일러스트레이션] 그룹–[도형(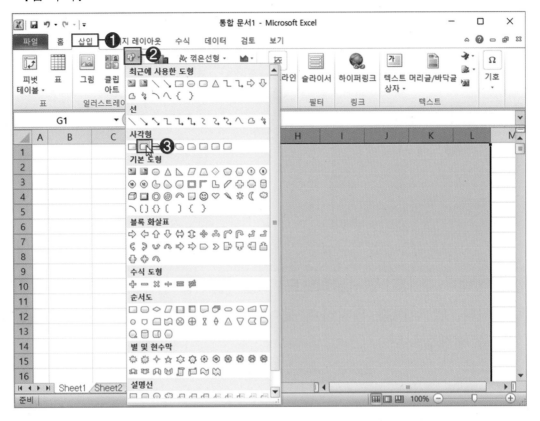)]–[모서리가 둥근 직사각형(□)]을 선택합니다.

06 [B3] 셀에서 드래그하여 모서리가 둥근 직사각형을 그립니다. [그리기 도구] 아래의 [서식] 탭–[크기] 그룹에서 [높이(▤)]는 '4.6cm', [너비(▤)]는 '9.2cm'로 설정합니다.

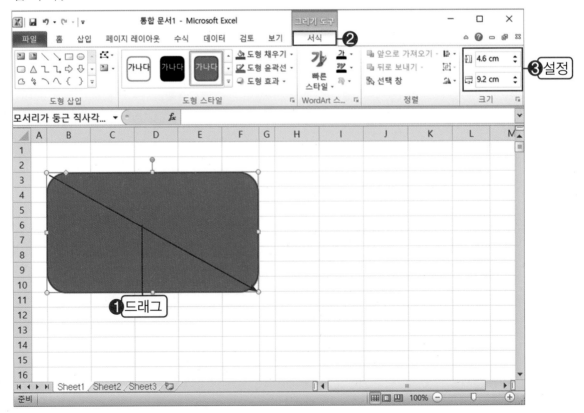

07 모서리가 둥근 직사각형의 **모양 조절 핸들(◇)을 왼쪽으로 드래그**하여 모서리의
모양을 조절합니다.

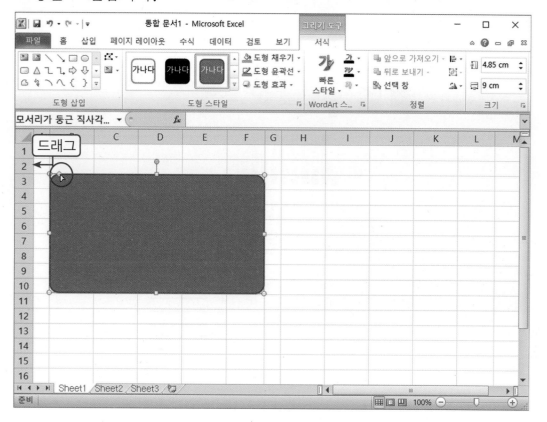

08 [그리기 도구] 아래의 **[서식] 탭-[도형 스타일] 그룹-[도형 채우기]를 클릭**하여
'표준 색'의 **[연한 파랑]을 선택**합니다.

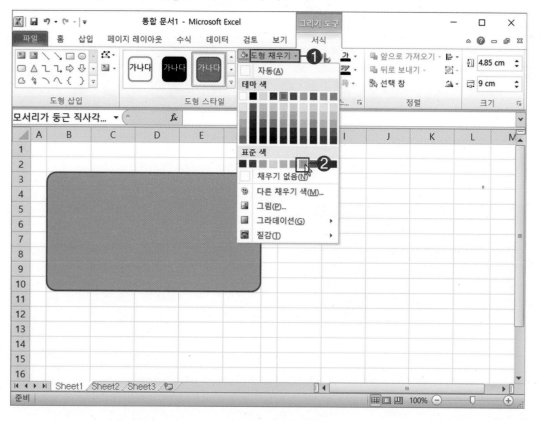

09 [그리기 도구] 아래의 [서식] 탭-[도형 스타일] 그룹-[도형 윤곽선]을 클릭하여 '테마 색'의 [흰색, 배경1, 35% 더 어둡게]를 선택하고, [두께]는 [¼pt]를 선택합니다.

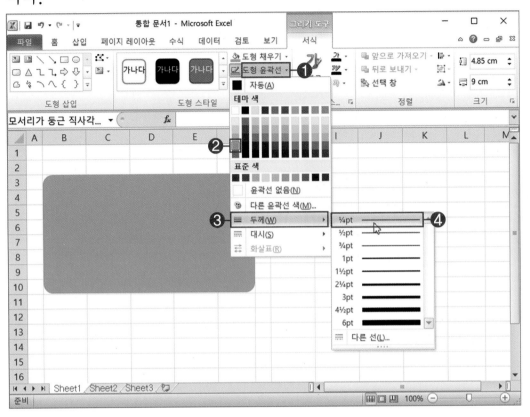

10 모서리가 둥근 직사각형의 색상은 연한 파랑, 윤곽선은 회색으로 변경되었습니다. 빈 셀을 클릭해 도형을 확인합니다.

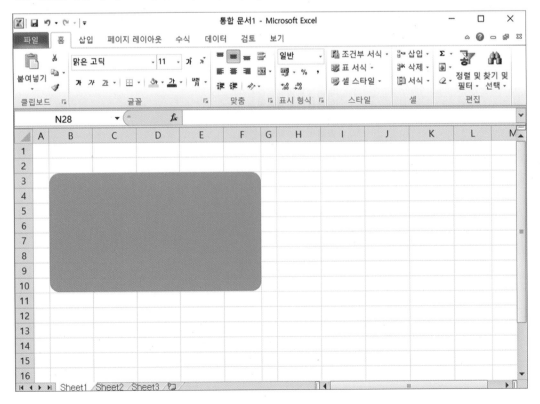

01 [삽입] 탭-[일러스트레이션] 그룹-[도형(⬚)]-[텍스트 상자(⬚)]를 선택합니다.

02 도형 오른쪽 아래에 **드래그**하여 텍스트 상자를 삽입한 후, **텍스트 상자 안에 사용자 정보를 입력**합니다.

03 [그리기 도구] 아래의 [서식] 탭-[도형 스타일] 그룹-[도형 채우기]를 클릭하여 [채우기 없음]을 선택한 후, [도형 윤곽선]에서도 [윤곽선 없음]을 선택합니다.

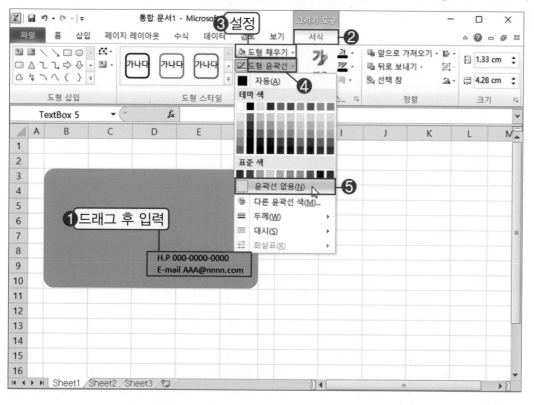

04 클립 아트를 삽입하여 꾸미기 위해 **[삽입] 탭‒[일러스트레이션] 그룹‒[클립 아트]** 를 클릭합니다.

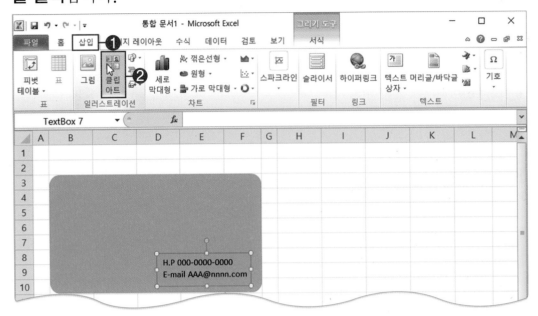

05 오른쪽에 [클립 아트] 창이 열리면 **[검색 대상]**에 '장식'이라고 입력한 후 **[이동]** 단 추를 클릭합니다.

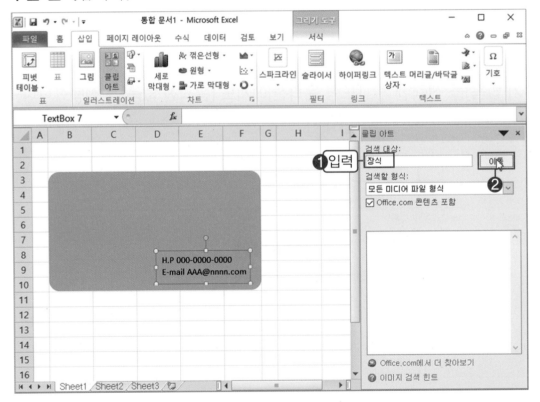

> **배움터** 클립 아트는 특정 조건으로 검색된 그림, 동영상 또는 소리 등의 클립 아트를 문서에 삽 입할 수 있습니다. 그러나 Office.com에서는 클립 아트 서비스를 2015년 1월부터 종료 하였으므로 현재는 검색 조건에 맞는 클립 아트가 많이 검색되지 않습니다. 더 많은 클립 아트가 필요할 때는 Bing(www.bing.com) 등의 검색 엔진에서 저작권을 허용하는 클립 아트를 검색해서 삽입해야 합니다.

06 장식과 관련된 클립 아트가 검색되면 원하는 **클립 아트를 클릭**하여 삽입합니다. [클립 아트] 창의 **[닫기(✕)]** 단추를 클릭합니다.

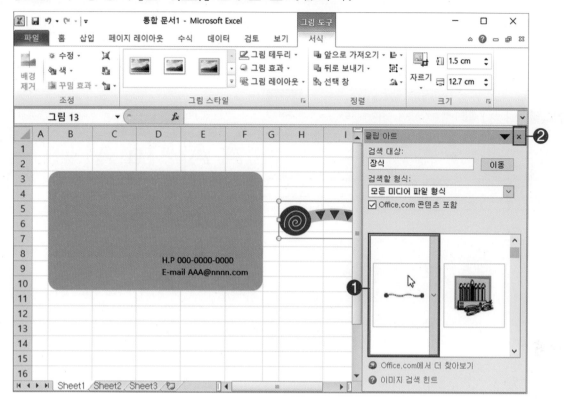

07 삽입된 **장식 클립 아트를 모서리가 둥근 직사각형 위로 드래그**하여 옮긴 후, 클립 아트의 **크기 조절점을 드래그**하여 크기를 조절합니다.

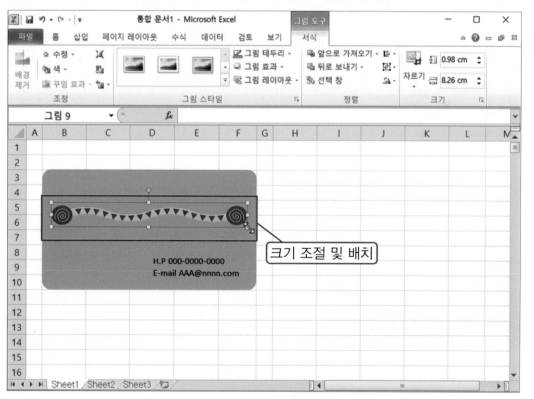

크기 조절 및 배치

01 [삽입] 탭-[텍스트] 그룹-[WordArt()]를 클릭하여 갤러리에서 [채우기 – 흰색, 그림자]를 선택합니다.

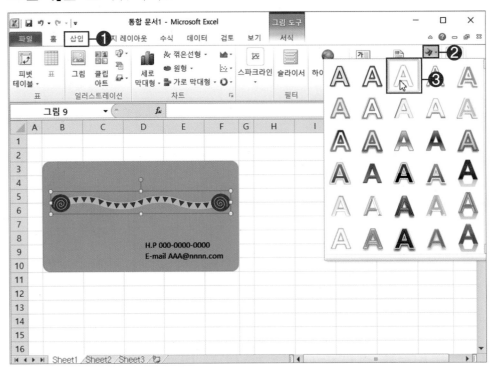

02 워드아트가 삽입되면 **본인 이름을 입력**한 후 [홈] 탭-[글꼴] 그룹에서 [글꼴]은 [휴먼편지체], [글꼴 크기]는 [18]로 설정하고, 모서리가 둥근 직사각형 위쪽으로 이동합니다.

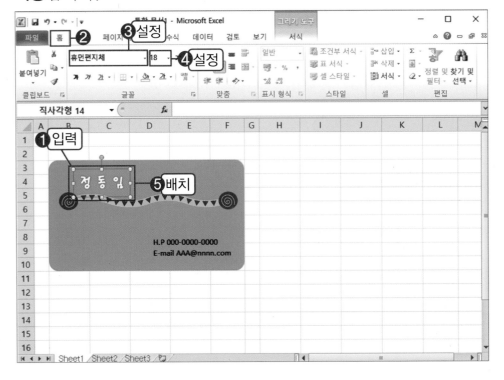

03 [채우기 – 흰색, 그림자] 워드아트를 추가하여 부서나 직위 등의 **사용자 정보를 입력**합니다.

04 [홈] 탭–[글꼴] 그룹에서 [글꼴]은 [맑은 고딕], [글꼴 크기]는 [10]으로 설정한 후 **위치를 조정**합니다.

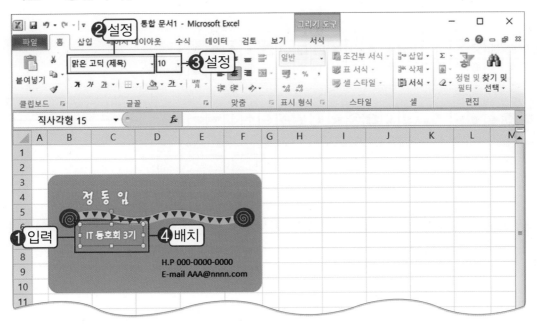

04 기호로 꾸미기

01 [삽입] 탭–[일러스트레이션] 그룹–[도형(⬜)]–[텍스트 상자(⬛)]를 클릭합니다. 기호를 삽입하기 위해 사용자 정보 아래에 **드래그**하여 텍스트 상자를 그려준 후 [삽입] 탭–[기호] 그룹–[기호]를 클릭합니다.

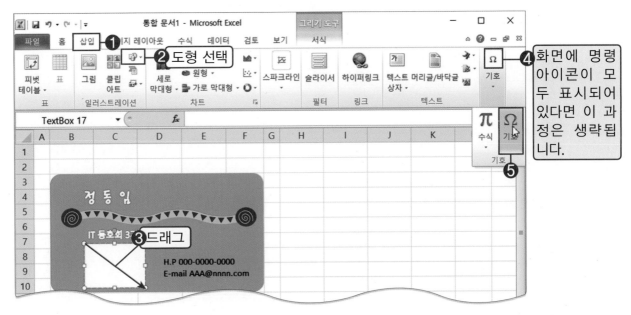

02 [기호] 대화상자에서 [글꼴]을 'Wingdings'로 설정한 후 🖳를 선택합니다. [삽입] 단추를 클릭한 후, [닫기] 단추를 클릭합니다.

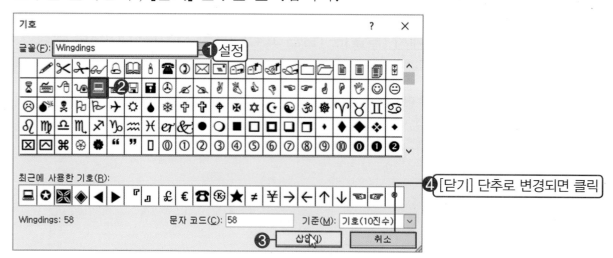

> **배움터** 독특한 기호를 삽입하려면 [기호] 대화상자에서 'Webdings'나 'Wingdings'로 설정한 후 원하는 기호를 선택합니다.

03 [그리기 도구] 아래의 [서식] 탭-[도형 스타일] 그룹-[도형 채우기]를 클릭하여 [채우기 없음]을 선택한 후, [도형 윤곽선]에서도 [윤곽선 없음]을 선택합니다.

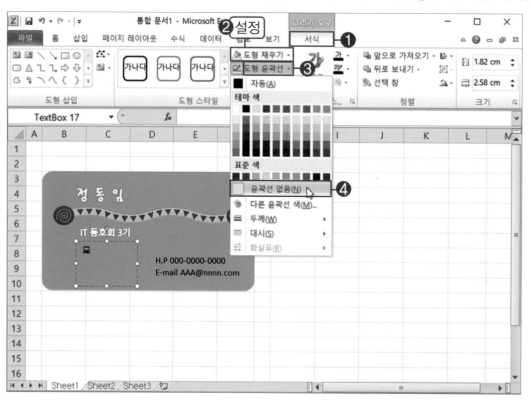

04 [홈] 탭-[글꼴] 그룹에서 [글꼴 크기]는 [54], [글꼴 색(가)]은 [흰색, 배경1]로 설정합니다.

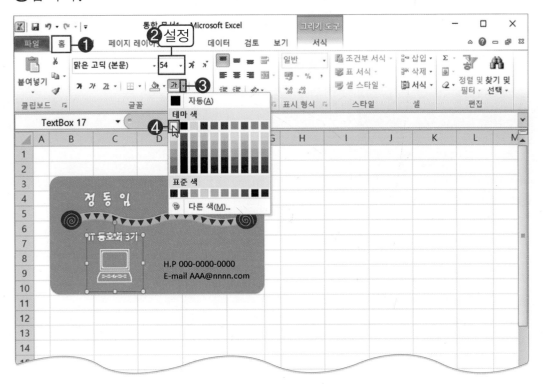

05 모든 개체 선택하여 그룹화하기

01 개체 모두를 선택하기 위해 [홈] 탭-[편집] 그룹-[찾기 및 선택]-[개체 선택]을 선택합니다.

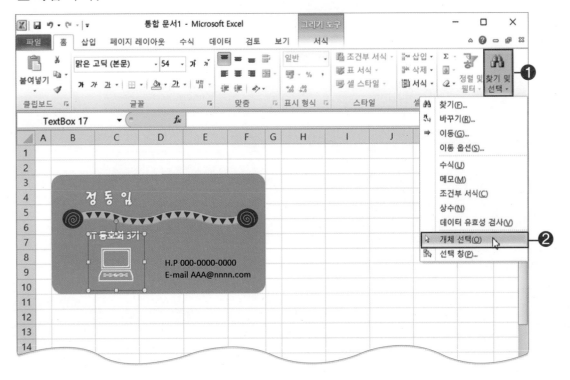

02 명함 위에서 삽입한 **모든 개체가 선택되도록 드래그**한 후 **마우스 오른쪽 단추를 클릭**해 바로 가기 메뉴에서 **[그룹]-[그룹]을 선택**합니다. 여러 개체가 하나의 그룹이 되었습니다.

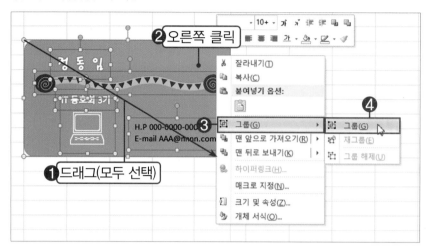

> 배움터 [그리기 도구]나 [그림 도구]의 [서식] 탭-[정렬] 그룹에서 선택할 수도 있습니다.

03 그룹화한 개체를 선택하고 Ctrl + Shift 키를 누른 채 오른쪽으로 드래그하면 개체가 수평 복사됩니다. 다시 복사된 개체까지 두 개체를 선택하고 Ctrl + Shift 키를 누른 채 아래로 드래그하면 수직 복사됩니다. **명함의 개수가 8개가 되도록 복사**합니다.

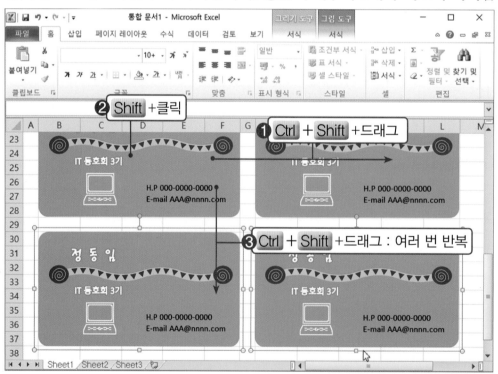

> 배움터 • Ctrl + C : 복사   • Ctrl + V : 붙여넣기
> • Ctrl + Shift +드래그 : 수평, 수직 복사

04 Esc 키를 눌러 선택을 해제한 후, **그룹화한 개체 중 하나를 클릭**하여 선택하고 **모서리가 둥근 직사각형을 클릭**하여 선택합니다. [그리기 도구] 아래의 **[서식] 탭-[도형 스타일] 그룹-[도형 채우기]를 클릭**하여 원하는 **색을 선택**합니다.

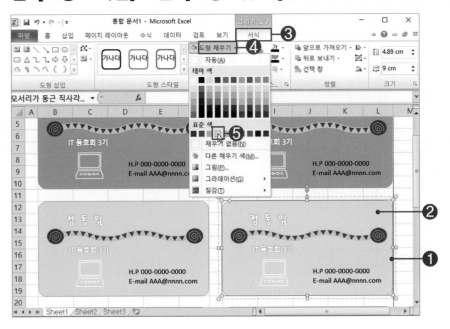

05 다른 명함도 원하는 색으로 다르게 구성합니다.

06 미리 보기 및 인쇄하기

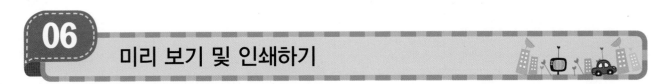

01 명함 만들기를 완료하였으면 **[파일] 탭-[인쇄]를 클릭**합니다. 명함이 한 페이지에서 다 보이지 않고 2페이지에 표시되므로, **[설정]의 여백 설정 정보를 클릭**한 후, **[사용자 지정 여백]을 선택**합니다.

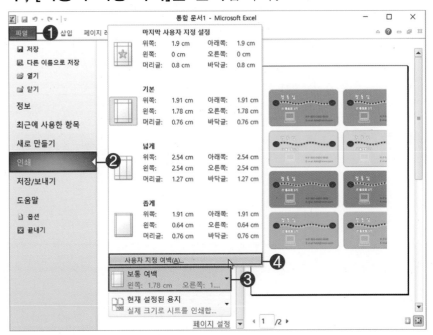

02 [페이지 설정] 대화상자의 **[여백]** 탭에서 왼쪽, 오른쪽을 각각 '0'으로 설정한 후 **[확인]** 단추를 클릭합니다.

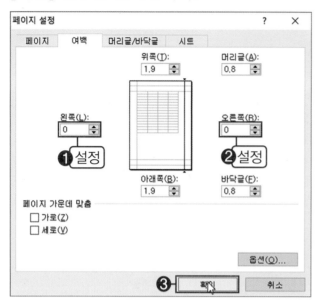

03 인쇄 미리 보기 화면에서 한 페이지 안에 인쇄되는 것을 확인한 후 **[인쇄]** 단추를 클릭합니다.

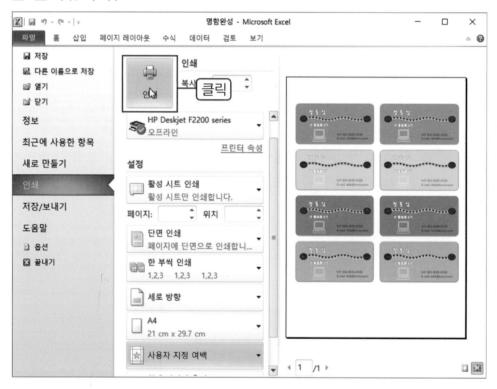

1 다음 그림처럼 '출입금지' 안내표지판을 만들어 봅니다.

- A, G 열 너비 : 2.5
- 워드아트 : '채우기-주황, 강조6, 부드러운 무광택 입체'
- 한글 글꼴 : HY견고딕
- 영어 글꼴 : Century

도움터

[삽입] 탭-[일러스트레이션] 그룹-[도형(🔽)]에서 ["없음" 기호(🚫)], [위쪽 화살표(⬆)], [텍스트 상자(🔳)] 도형을 활용

2 다음 그림처럼 'P' 글꼴은 'HY견고딕'으로 설정하고 '주차금지' 안내표지판을 만들어 봅니다.

소스파일 다운로드 방법

01 인터넷을 실행하여 시대인 홈페이지에 접속합니다.

    * www.sdedu.co.kr/book

02 [로그인]을 합니다.

    * '시대' 회원이 아닌 경우 [회원가입]을 클릭하여 가입한 후 로그인합니다.

03 화면 위쪽의 [프로그램]을 클릭합니다.

04 목록에서 학습에 필요한 자료 파일을 찾아 선택합니다.

    * 검색란을 이용하면 목록을 줄일 수 있습니다.

05 첨부된 zip(압축 파일) 파일을 클릭하여 사용자 컴퓨터에 저장합니다.

06 압축을 해제한 후, 연습을 시작합니다.

    * 프로그램(s/w)은 제공하지 않습니다.

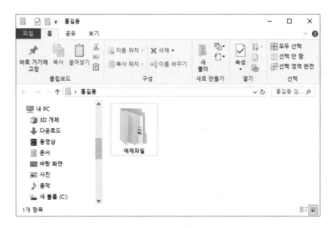

듬꾹이, 담꾹이, 꾹꾹이는 독자를 생각하는 마음으로 더 알찬 정보와 지식들을 듬뿍 도서에 담았다는 의미로 탄생하게 된 '시대인'의 브랜드 캐릭터입니다.